강의 어귀에서
휘돌아나가다

조 의 연 시집

시 와 사 람

국립중앙도서관 출판시도서목록(CIP)

강의 어귀에서 휘돌아나가다 : 조의연 시집 / 지은이: 조의연. -- 광주 : 시와사람, 2017
p. ; cm. -- (시와사람 서정시선 ; 053)

ISBN 978-89-5665-486-7 03810 : ₩10000

한국 현대시[韓國現代詩]

811.7-KDC6
895.715-DDC23 CIP2017009673

강의 어귀에서
휘돌아나가다

■ 시인의 말

나무들의 묵은 생각을 귀 기울여 듣는다.
사물은 시간의 흐름을 따라 헐고 조금씩 닮아간다.
자연이 전하는 묵언의 속삭임을 바라보며
순례자처럼 길 위에서 서성거린다
길은 길을 낳고,

설익은 열매들 쌉싸름하고, 떫고,
혀끝에 닿는 껄끄럽고 단단한 언어들
뚜벅뚜벅 세상 속으로 걸어나가는
뒷모습을 본다.
새로운 친구를 만나 소통하기를
물컹물컹 해지기를……

2017년 4월
조의연

차례

2

3

4

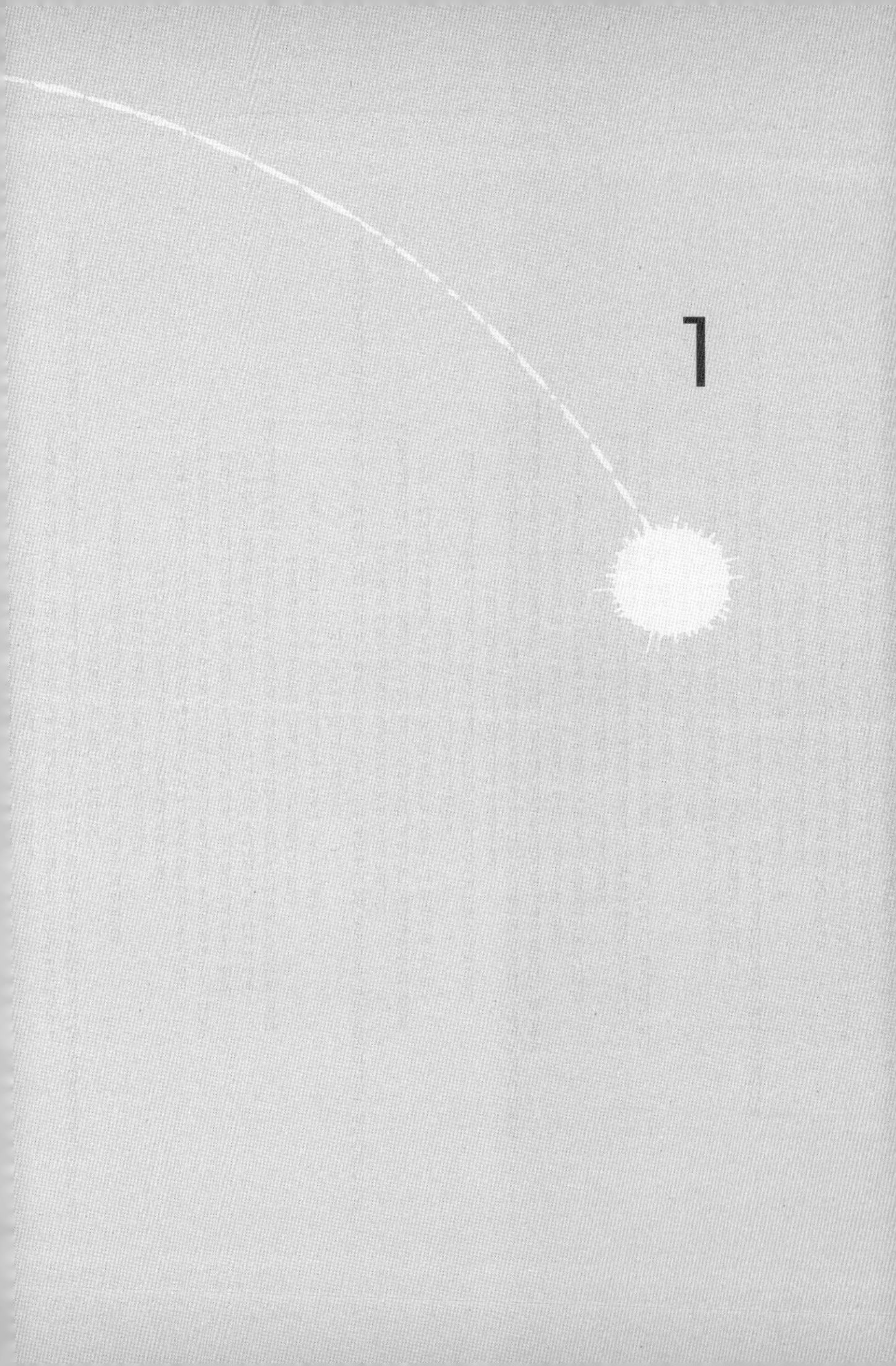

1

꽃비 내리는 날

서럽게 아름다운 추억 하나 꽃잎에 써서
가냘픈 이파리 강물 위에 가만히 놓으면
팔딱이는 생각의 골짜기가 서럽습니다
시리도록 곱게 피어났던 꽃송이들
한갓지게 피웠던 시간들은
꽃잎 휘날리는 언덕 멀리 아련합니다

맨드라미 붉은 꽃송이들이
모도리같이 지새운 밤들
설렘으로 떠오르는 길고 긴 추억
한 가닥이 서늘합니다
엽록빛이 업고 떠난 영겁의 방들
깊은 항아리에 차곡차곡 쌓여가고, 피어나던
어린 날 장미꽃 이파리의 낱장들은
헝클어진 그리움입니다
잊혀질 수 없는 것들은 하나하나 큰 죄목이 되어
슬픈 빛깔로 부풀어 오르고
꽃비 내리는 날은 온통
청자 빛깔의 그리움입니다

* 벚꽃잎이 지면서 비처럼 휘날리는 모습

구름의 얼굴

구름이 수시로 모습을 바꾸는 것은
바닷가 울퉁불퉁한 돌을 다듬기 위함이다
파도자락을 불러 철썩이다가 때가 차면
궁굴리고, 쓰다듬고, 모난 곳 깎아내고, 다독이고,
매만지고, 어우르고,
여러 빛깔의 조약돌을 만드는 것이다
구름의 얼굴빛이 어두워지면 바다는 어느새
태산 같은 물결을 일으키고, 훈련소 조교처럼
펄쩍거리며 석수장이가 되는 것이다

거친돌이 굴러와 해변에 닿는 순간
바다가 몰려와서 우렛소리를 내며
꾸짖고 달래어서 돌을 다듬는 것이다
구름의 얼굴빛이 밝아지면
파도는 인자한 어머니가 되고
조약돌은 구름의 얼굴을 닮아 조약돌이 된 것이다
모서리는 닳고 닳아
물결무늬 수놓인 하늘 빛깔의
꿈틀거리는 알이 된 것이다
조약돌은 어느날 날개를 달고 날아오르리라

쑥부쟁이 추억

논둑에 쭈그리고 앉아 먼 날의 추억을
한 잎 한 잎 캡니다
바람자락에 실려오는 파릇파릇한 까치 울음소리는
동구를 돌아 산으로 갑니다
쟁깃날에 덜컹거리는 햇살을 등에 지고 앉아
질긴 쑥부쟁이를 캡니다

어매는 소쿠리와 칼을 쥐어주며
쑥부쟁이를 캐오라 합니다
감꽃이 떨어져 상복처럼 눈물꽃이 되던 날
아부지 상엿길에 넙죽 엎드려 泣하던
질긴 쑥부쟁이
진달래 지천으로 피어 너울거리고
우렁껍질 둥, 둥
봇도랑 따라 흘러가는 매지구름 일던 날
쑥부쟁이를 캡니다
아이들은 강가에서 메기잡기하며 놀고
탁주 한 사발에 타령을 좋아하시던
아부지 젯상에 빠지면 안된다고

어매는 자꾸 쑥부쟁이를 캐오랍니다
뒷산에선 부엉이 게으르게 울고
아부지 무덤가에 흐드러지던
보랏빛 쑥부쟁이 꽃 피기 전에,
어리고 아픈 쑥부쟁이를 캡니다
멧부리 우렁우렁 우는 소리 뒷산을 내려오고
끈 떨어진 방패연 하나가 멀리
하늘 끝으로 날아갑니다

천국 가는 길

파푸아뉴기니의 깊은 정글 속에 극락조가 산다
꽁지에 열두 개의 환한 길을 달고 밀림을 날아다닌다
꽁지 끝에 화살표 같은 깃털이 흔들거리고
휘청거리는 나뭇가지와 얽힌 덩굴 사이를
곡예하듯 살았다
숲은 언제나 밤이 오고 바람이 분다
웅크린 나무의 등을 타고 십이사도의 복음이 흩뿌려지듯
극락조의 꽁지에서 사방으로 열리는
작은 오솔길
천국으로 가는 길을 찾아 건잠머리 쫑알대고
푸른 빛깔의 깃털을 팔랑거리며
하늘길 열어간단다

한 생이 시간의 줄기를 따라
뚜벅뚜벅 걸어간다
뒤엉킨 길은 어둡고
천국의 새 한 마리 따라가다 보면 강 건너
마을 하늘 위에 반짝이는 샛별.
잘 익은 열매의 노란빛깔이 안내하는 이정표 한 개

밀림은 울울창창 하늘을 가리고
새가 날아오르면 숲의 이파리들 일제히 팔랑거리며
극락조 뒤뚱거리는 간나위짓을 따라
먼 길 떠난다

모래언덕

제 고집만 제일이라고 등 돌린 자들
저 잘났다고 어울릴 줄 모르는 작은 심보들을
수억 광년 동안 서풍은 몰아다가 城을 만들었다
회오리바람은 두 눈을 부라리며
깨달아야 산다고
작은 것들은 뭉쳐야만 견디는
세상이라고 어르고 달래
또 한 차례 모래알을 떼로 몰고 온다

어찌어찌하다 휩쓸려온 고집불통 모래알,
반짝반짝 눈을 치뜨고 거드름 피우며 먼 산만 바라본다
민들레씨앗 하나 날아와서
모래 언덕에 자리 잡았다
뿌리를 디밀어도 물 한 모금 허락하지 않은 모래들
목이 마르다

시청 앞 광장에 용역회사 직원들이 피켓을 들고 농성 중이다.

그 사이에 쌓인 모래 언덕
개땅쇠마을에 사막이 조성되고 있다

울타리에 흐드러진 덩굴 장미꽃송이가 흐벅지다

비밀의 정원 2

정원에는 붉은 맨드라미꽃 흐드러졌습니다
사루비아꽃 숲에 비밀이 숨어 있습니다
잠자리 한 마리가 맨드라미 위에 앉았습니다
맨드라미 큰 꽃송이가 '꿈틀' 합니다
까만 씨앗들이 사방으로 흩뿌려집니다
길고양이 한 마리 길을 잃고 헤매다가 정원으로 찾아듭니다
이리 뛰고 저리 뛰는 풀 메뚜기들
정원 한가운데 늙은 모과나무 한 그루가
모과를 주렁주렁 달고 서있습니다
'툭 툭'
나뭇잎 떨어져 날아갑니다

개미들은 애면글면 집을 짓고
귀뚜라미는 풀숲에서 어리눅습니다
거미의 은빛왕궁에는 하루살이가 그네를 탑니다
위태위태합니다
시시때때로 시끄러운 정원입니다
무대기무대기 미친년 머리 풀 듯 망초꽃이 언죽반죽합

니다

개오동나무에 까치가 집을 짓고 새끼들을 키우고 있습니다

새끼 한 마리가 둥지에서 떨어집니다
능구렁이가 덥석 물어갑니다
악머구리도 정원에 들어와 요란을 떱니다

정원에 밤의 살빛이 내려앉으면
옹당우물에는 별이 에움길로 와 목욕을 합니다
싸리울 담장에는 노랑호박이 달빛을 받아 웃습니다
덩굴손은 자꾸 울타리를 넘어갑니다
얽히고 설킨 실타래 같은 길들이 어지럽습니다

마음속 깊은 비밀의 정원이 하나 있습니다

벚꽃잎 휘날린다

국회의원 선거운동이 시작되었다
확성기 소리를 하늘 끝에 내걸고
후보자의 말씀들이 세상을 흔들흔들 뒤흔든다
봄날, 쏟아지는 언약에 벚꽃들이 피어오른다
몽니를 부리듯 하얗게
'우르르 우르르' 부풀어 오르는 흰 꽃송이들
백의민족의 혼들
여의도에서 피고, 화개장터에서 피고,
5.18망월묘지에도 훨훨 피어난다
이 골목 저 골목 흰 꽃잎들이 꿈처럼
너울너울 날개를 편다
벚꽃이파리 등에 앉은 언어들이 환하다

국회의원선거가 무더기비처럼 지나갔다
꽃잎이 속절없이 떨어진다, 약속들이 진다
꽃잎들은 정처없이 사방으로 휘날린다
말씀도 땅에 떨어진다
길 위에서 짓밟힌다
산발한 머리채 움켜쥐고 바람이 헐떡이며 달려온다

여린 꽃잎이 반짝이며 서쪽으로
물색없이 날아간다
'우르르 우르르' 사방으로 흩뿌려진다
하늘가에 노을빛만 붉다

석류꽃 피다

새 울음소리 거두어 담고
솔바람소리도 거둬 담고
햇살 한 줌 불러 모아 함께 버무려
붉은 보자기에 싸안고는
고샅길 담 너머 기우거리며
몇 날 몇 밤 몸안의 불꽃 다스리며 앓더니

천둥번개 치는 날, 품은 소리들
둥글게둥글게 품안에 끌어안고
괜찮다,
괜찮다, 다독이며
기다려라 조금만 기다려라
다 지나가리라
암탉이 병아리를 품듯
뒤척이는 밤 지내다가
낙엽 휘날리는 어느날
정원 푸른 잔디 위에
붉은 보자기 '쩍' 펼치며
자 여기 있다 보아라

알알이 불타는 속내 드러내며
진주알 옴팍 쏟아 내어놓고,
이파리 우수수 털어내는 깜냥의 백발 할머니

옛길

벚꽃이 오달지게 꽃이파리 내밀어 불을 밝힌 밤
먼 곳에 개 짖는 소리 아련하다
찌르레기소리 바람자락 등에 업혀 산을 넘어간다
밤새도 운다
소쩍새 우는 밤, 어머니의 무명치맛자락을 놓지 않으려고
종종걸음을 걸었던 외갓집 가는 길
주문처럼 들리던 풀벌레 소리들.
돌멩이 하나 궁구는 소리에
귀가 열리는 때가 있었다
옛길의 창고 안에는 언제나
다시 피어날 씨앗들이 꿈틀거리고 있다
이파리의 수런거림이 오사바사 다가온다

먼 길을 되돌아가는데
손에 잡힐 듯이 멀어져만 가는 뒤란,
개오동나무의 쓰러진 고목에서 생 한 가닥이 살아 오른다
마음 둘레에 온통 흐드러진 바람꽃
수많은 푸른 길이
수런수런 발길을 재촉한다
옛길이 뒤뚱뒤뚱 손 흔들며 가고 있다

새벽달 터벅거리다

별들은 하나 둘 집으로 돌아가고
구름 한 점 없는 허허벌판에 둥근 새벽달이
걸음을 재촉하고 있습니다
어젯밤의 날벌레들은 다 어디로 갔는지
떨어진 날개 몇 장만 허공을 날아다닙니다
어둠을 옴쓰라기 지켜본 달의 낯빛에 그늘이 짙어집니다
비수같이 푸른 달빛은 사그라지고
햇살에 떠밀려 무거운 걸음으로 서쪽을 향해 가는
새벽달
은행잎들의 푸르른 세상살이가
눈에 밟혀 떠나지 못하고 서성이는 달.
먼동이 터오는 새벽녘까지 가시울타리에 걸려
흐느적이며 하얗게 밤을 지새웁니다

햇살들이 뚜벅뚜벅 산봉우리를 넘어옵니다
달은 빛을 잃고 덩그러니 떠 있습니다
떠나야 할 시간은 밀려오는데
달은 아직 웅숭깊습니다
운동장에 새벽운동 나온 할머니들의 구성진 노랫가락이
달을 끌고 자박자박 서쪽으로 갑니다

금일도 해변에서

섬 바닷가 귀퉁이에 콜라병 몇 개
출렁이고 있다.
저물녘 서쪽하늘은 활화산처럼 타는데
빈병 속에 들어앉은 노을 자락.
은밀한 고향이야기 하듯 울렁울렁 흔들린다
어디서부터 시작된 여행이었을까?
끝 모르고 떠내려 온 텅 빈 허기
짠물로 가득 채운 육신들이
파도의 손바닥에 두 볼을 얻어맞는다
거품이 거품을 만들어 부풀어 오르던 때가 있다
고기만두 속 같은 이야기들을 가슴에 품고
꿈을 바라보았던 젊음이 있었다

이젠 뱃고동 소리마저 아련한
바닷가 한적한 곳에 흘러와 떠도는 해당화 마음.
날개 부러진 갈매기 한 마리 모래 위에서 뒹군다
안개가 떠도는 섬마을 둘레를 어지럽게 밀려오는 그리움 한 조각
바다의 거친 숨결 위에서

헐렁거리는 가슴은 자꾸 텅텅 소리를 내며
바람자락이 들락거린다
백발 할머니 마음들이 석양을 등지고
해찰을 하고 있다

갑판 위에서

배를 타고 바다로 나간다
엉클어진 길이 파도에 흔들거린다
무너졌다 솟아오르는 파고는
신음하며 배의 뿌리를 흔들어대고
섬들은 섬인 채로 물결과 실랑이를 한다
섬 둘레를 맴돌던 조무래기들, 깔깔거리며
물거품으로 부서져 흩어지는 바다
잊혀지지 않는 몇 가닥의 길이
바닷새의 날갯죽지에 걸려 날아오른다

돌아가야 할 항구는
바다의 쿨럭임 소리로 가까워지는데
부릅뜬 태풍의 눈은 아직도 도사리고 있다

달리는 갑판 위에 서서
뱃전에 서성이는 바람자락을 본다
잠잠한 파도는 물의 속앓이라는 것을 아무도 모른다
바다는 '꿈틀' 돌아누우며 길들을 만들었다 지운다
서녘의 노을은 붉게 물들어오고

낡아 통통거리는 배
돌풍은 예고없이 찾아올 것만 같은데
해금강의 십자동굴 속에 찾아드는 한줄기 빛이
등대의 눈길인양 따뜻하다

달빛의 뜰

정원에는 언제나 그림자들이 놀고 있었습니다.

정월 대보름날이면 사립문을 열고 슬그머니 들어 온 달은 안방을 엿보곤 했습니다.

달이 한 발짝 두 발짝 걸음을 옮길 때마다 그 걸음을 따라서 몸을 숨기던 어둔 그림자들. 사변 통에 홀로 된 어머니는 그림자를 끌어안고, 마당가 장독대 정화수에 어둠을 풀어내고 있었습니다.

정화수에 수북하게 떨어져 반짝이던 별들.

소쩍새 우는 밤이면 잠에서 깬 나는 창호 문틈으로 어머니의 행사를 엿보곤 했습니다. 흰 정화수 그릇에 빠져 허우적이던 달빛.

어머니의 들썩이던 어깨 위로 노란 은행잎이 날았습니다.

달은 아버지가 심은 감나무에 걸쳐 앉아서 가만히 지켜보고 있었습니다.

먼 산에서는 담살이 새가 소를 몰아가고 있었습니다.

'휘영청'

달빛자락을 올올이 휘감고 어머니는 어느날 밤, 무명 치맛자락을 걷어쥐고 춤을 추기 시작했습니다.

흐느적이는 춤사위로 언뜻언뜻 별들이 고개를 내밀었습니다.

어머니의 춤 속에는 눈물이 가득 배여 있었습니다.

춤은 개밥바라기가 지켜보는 새벽녘까지 계속 되었습니다. 달은 그날 밤, 끝내 어머니의 춤을 끝까지 지켜보지 못하고 쫓기듯 정원을 나가고 있었습니다.

어머니의 춤은 오달지게 훨훨 달을 만나러 갔습니다.

거품 속의 손

목욕탕에서 흰 물거품이 이야기들처럼 부풀어 오른다
손을 넣어 휘저어본다
일었다 부닐던 물방울들
한 움큼 두 손으로 쥐어보면 다섯 손가락
사이로 거품은 달아나고
빈 주먹만 둥글다
만삭이 된 해를 잡아보려고 어느 집
정제에는 잉걸불이 타오르고
동구를 휘돌아나가는 휘파람소리.
생은 샛강바닥에 뒹구는 자갈돌 같이 '똑또그르르' 흐르고,
알맹이도 흔적도 없는
빈 손
손가락이 한가롭다

뒤돌아보니
어느날 거품이 나를 끌고 다닌다
빗방울 튀는 고갯길로
능구렁이처럼 담을 넘는다
거품이 거품을 낳고, 어처구니없이

손의 흔적만 물방울 속에서 흔들리고 있다

낯선 큰손 하나가 내 손목을 휘어잡더니
이슬에 젖은 꽃이파리 한 장 쥐어주고는
능청스럽게 흔적없이 사라진다

안경 속의 세상

우리 가족은 모두가 안경을 쓴다
살림살이는 뒷전이고 끼만 살아서, 한량처럼 사는
조상의 유일한 유산이다
도수 높은 안경을 쓰면 굵은 구근들이 보인다
아이들의 새 안경을 맞출 때마다
큰 별 보기를 바라고 바란다
날마다 널부러진 안경집을 치우면서 구렁이가 허물 벗듯
한꺼풀 벗어버린 눈으로 수풀의 속살을 보라고,
왜 그리 근시안들이냐고, 눈에 보이는 것이
고작 제 발등상뿐이냐고 몰아부친다

주일날 목사님이 내 속을 들여다보고
안경을 하나씩 주신단다
사랑의 안경이란다
어느 녀석부터 씌워야 하나, 사랑은 내리사랑이라지만
큰애는 큰애라서,
막내는 막내니까 먼저 씌워주고 싶었다
그래도 내가 먼저 써보기로 했다
뉴스 시간이면 아이들 흉한 물들까 텔레비전 꺼버리고,

웃으면 복이 온다고 해도
공부하는 것이 복이라고 등 떠밀었다
그런데 이게 웬일인가?
사랑의 안경 하나 써보니 안경 천국이다
안경 도수 높여 써보니 해맑은 햇살도 보인다
안경을 바꾸니 모두가 천국 백성이다
까만 테의 안경 너머에
노랑나비 한 마리 팔랑거리며 날아간다

거울을 보다

그림자는 언제나 하나인 줄 알았다
밤길을 걷다가 나를 따르는 많은 그림자를 보았다
이쪽저쪽 또는 가까이 멀리서
소리 없이 따르는 그림자, 골목골목에서 튀어나오는
또다른 나 들.
빛살은 이곳저곳에서 파고들고 그림자는
빛의 반대쪽에서 언제나 서성거린다
무논의 거머리 떼처럼 달라붙는 죄목들,
아이들이 어미를 따르듯 뒤따라오는 그림자.

허방 짚은 마음 잘라내고, 헛생각을 털어내봐도
찌그러지고 휘어진 그림자들이
궁시렁, 궁시렁 따라 다닌다
간디의 그림자는 늘 푸르고
예수님의 그림자는 영혼 속에 살아있다
흔들걸음으로 나를 따르는 나
호랑가시나무 살갗에 솟아오른 가시들
그 틈을 비집고 자라나는 여러 개의 혼.

어쩌다
여러 개의 다른 나를 만나고 말았다

달팽이 가족

보리콩을 걷다가 잡풀들 틈에서 기이한 일을 만났다.

크고 작은 집달팽이가 동그랗게 모여 앉았다

덩치 큰 달팽이와 팽열매만한 작은 것까지 가족 같다. 느린걸음으로 꿈틀거리며 살아있어야 할 것들, 껍데기를 흙에 묻고 뒤집힌 채 미동이 없다. 달팽이의 삶은 늘 번성했다. 잡풀보다 앙칼져서 밭이랑마다 눌러앉아 주인 행세를 했다. 민달팽이는 물컹거리는 몸뚱이로 이랑길에 널부려져 살았다.

비바람 불고 천둥 번개가 쳐도 아무 일 없었다. 그런데

웬일인지 한 가족이 동그랗게 숨을 거뒀다.

왜 죽어 있을까? 의혹이 솜사탕처럼 부풀어 감나무 가지에 올라앉아 멀뚱거린다. 자꾸 눈길이 간다

어린 목숨들까지 명사도 모른 채 죽어야만 했을까, 애잔한 마음이 갈피를 못잡아 서성거린다. 잡초를 뽑지도 않았다. 콩밭에 약도 안 했다. 구기자나무의 이파리가 흔들린다, 서쪽 하늘의 노을빛만 붉게 탄다. 왜 아기 달팽이 한 마리도 살리지 못했을까? 자갈밭 돌 틈에 희망을 놓아버렸을까. 쇠비름 한 무더기도 시드럭부드럭 하다.

봄날, 신문 한 귀퉁이 눈물방울 같은 글씨들이 콩밭 위로 기어 나온다. 얼레줄로 얽힌 삶, 막수풀로 우거진 길, 질척거리는 정으로 살던 달팽이가족이 개똥쑥 아래서 별이 되었다.

죽음이 사랑을 지고 갔다. 할아버지가 할머니를, 아버지가 어머니를, 어머니가 철부지 아이들을 사랑한다고, 함께 가야한다며 끌고 갔다. 생각의 꼬리에 몸을 묶고 죽음이 하늘로 갔다. 철부지 애기달팽이를 멱살잡이로 끌고 갔다.

보름밤의 둥근 달빛에 세상은 더욱 환하다.

곡선과 직선 사이에서

여자의 몸은 곡선이다
부드러움이다
둥그렇게 흘러내리는 여자의 몸
생각이 둥그런 선을 타고 흐른다
곡선은 어머니의 마음이다
곡선은 큰 산봉우리다
강은 곡선으로 출렁이다 사람을 품는다
항아리는 곡선이다, 아이를 품은 여인
햇살과 짓궂은 바람을 둥글게 끌어안는다
여자는 곡선이다, 사랑이다
아이들의 칭얼대는 옹알이가 달의 전설이 되는
여자의 둥그런 몸.

강물은 돌서덜을 바삐 휘돌아나가고
할머니의 몸은 직선이다
곡선의 몸은 간 곳이 없고 기억자로 굽은 허리
어그러지고 휘어진 직선이다
쪼그라진 깡통.
둥그런 마음을 다 펴주고

할머니는 바른 길이다, 고전이다
곡선을 잃어버린 쭉 펴진 길목에서
마지막 남은 하늘 길은
직선이다, 에둘러가는 길이 없는 마지막
모퉁이길이다

운주사 가는 길

운주사에 축제가 있다기에 길을 나선다
군내버스를 타고 간다
모퉁이길에서부터 발이 묶인 차량들
가던 길 쉬고 있다
버스는 세발 할머니 팔순고개 넘는다
壁地里인지 碧地里인지 알 수 없는 마을을 더듬거리고,
云越里를 지나서 停天에서 쉬어
몰아쉰 숨을 가다듬는다
옛 사람들은 마을 이름들을 참 잘 지었다는 생각을 한다
천불의 얼굴을 뵈러 간다
천탑의 몸을 만지러 간다
갈바람은 가던 길은 쉬지 말라며 바람잡이 놀음이다
가을의 억새는 백발을 흔들고
가을철에만 열린다는 운주축제에는
들국화 노랗게 질린 얼굴로 시간을 맞고
나뭇잎들은 붉은 웃음으로 헤프다
천 년을 철썩같이 믿고 밀려드는 사람들
와불의 깊은 눈에는 눈물 마르지 않고
사물놀이패도 뚱땅거리며 돌부처를 일으켜 세운다

사람들의 마음은 가부좌 틀고 앉아
천 개의 부처님을 만나고 있다

버섯들이 달터공원에 산다

달터공원* 음지에 버섯들이 산다
달동네 아이들이 자라듯 터를 잡고 살고 있다
버팀목도 없이 밟히면 뭉개지는 버섯
가지각색의 모양과 빛깔로 살아간단다
삿갓의 주름막을 열고 밤이면 은밀하게 포자를
세상 속에 흩뿌려 새끼를 떠나보내고
균사체의 알맹이들이 뿌리를 내리면 달터공원은 온통
버섯 세상이 된단다
애기똥풀꽃도 만발한 달터공원
숲속에 저항의 힘도 없이
내 어린시절이 자라듯 '쑤 우 욱' 고개를 내미는 버섯
돌개바람은 길을 항상 반대편으로 바꾸며 히죽거리고
흰돌기망태버섯의 망태가 벗겨지는 날
주름막 속에서 꾸물거리며 기어 나오는
음지의 곤충들.
서울의 달터공원에 먹물버섯, 눈물버섯, 여우꼭각시버섯,
키다리밤그물버섯, 광대버섯, 목련무당버섯……
숲속 구석구석 지하의 노숙자답게 살아간단다

* 서울 강남구 개포동에 있는 공원

벌거숭이로 살아가기

실오라기 한 가닥 걸친 것 없는 붉은 알몸입니다
더듬이로 사는 법을 찾아갑니다
어슬렁어슬렁 덤불밭을 마다하지 않는
기어사는 민달팽이입니다
미끈덕거리는 몸뚱이로 뒤틀린 길도
바로잡아 갑니다
흔들리는 길을 따라 가파른 나뭇잎에
기어오르기를 좋아합니다
굴러떨어져 곤두박이는 것은 예사로운 일,
그래도 올라만 가는 담쟁이넝쿨.
이쪽도 저쪽도 아닌
점액질의 물컹한 몸뚱이로 찾아가는 길이
아득합니다.
미끄럽고 헝클어진 세상속의 길찾기입니다

민달팽이가 모래언덕을 넘습니다
맨몸으로 왔다가
올 굵은 베옷 한 벌 걸치고 하늘로 가는
길 위에서 서성거립니다

능소화

한적한 산사 너덜겅 아래
붉은 치맛자락의 여인들이 들쭉날쭉 줄을 서서
반짝이는 이슬방울들 머리에 이고 주저주저
절문 앞에서 들어서지 못하고 기웃거린다
무슨 지은 罪가 저리 많아
기도를 위한 열망으로 서성거릴까?
용기를 내라고 힘을 내야 한다고
버드나무는 흔들흔들 손을 흔들고
참새들은 이곳 저곳 나뭇가지를 건너뛰며
들어가, 얼른 들어가라고 요란을 떠는데
사천왕상 부릅뜨고 노려보는 눈빛에 주눅이 들어
결국 들어서지 못하고 얼굴빛만 빨갛게 달아오른 채
뒤돌아서는 능소화 여인들

회개할 때 기도는 하늘에 닿는 법
덩치 큰 소나무가 보다 못해 솔방울 하나
'툭'
여인들 앞에 던져주며
발걸음 되돌려 세워놓고
고개를 끄덕인다

2

베틀소리

찰깍 찰깍 찰칵 찰칵.
어머니의 한숨소리가 직조된다
바디집을 넘나들던 할머니의 길들이 어머니의
만석봇물의 그리움과 어울려
동지 기나긴 밤을 지새우는데
먼 산 부엉이 울음소리 아련하고, 바람은
흙벽 틈으로 스며들어와 베틀 위에서 함께 놀고 있다
날줄 사이를 쉴 새 없이 들락거리는
씨줄이 날줄과 어깨를 걸고 길동무가 되어 떠난다

열네 살에 시집을 와서
아이들을 낳고 어린새끼들의 생명줄이 되어
밤마다 들려오는 베틀소리
얽힌 실타래를 풀어 새벽 해를 맞는
흰 무명베 한 필.

찰깍 찰깍, 찰칵찰칵
새벽이면 어둠을 훤히 밝힌 마을의
모퉁이 길마다

꾸역꾸역 걸어 나오는
그림자 뭉텅이들.
설날 아침이면 사립문을 열고 쏟아져 나오는
검정색 무명치마에 자주색 무명저고리의 설빔.
아이들의 웃음소리는 마을 동구를 휘돌아
산을 넘어간다.

정월대보름 달맞이

달빛이 마을에 가득 차오르면
작은 오라비를 따라 윗마을 들판을 헤맸다
액막이 짚풀 허수아비들은 논둑 밭둑에 누워 있고,
쥐불놀이 불빛은 마을마다 하늘을 불살랐다
구멍 뚫린 깡통에 숯불을 담고 끈 달아
비~잉 비~잉
돌리면 들판은 온통 불꽃으로 타올랐다

"짚풀 허수아비 속에는 동전이 들어 있는디"
"악귀들이 달아나는 노잣돈 이랑께"
"허수아비 곁에 가면 우리 몸에 악귀가 들러붙는당께"
작은 오라비의 말에
팔 벌리고 누운 허수아비가 무서운 밤이었다
보름밤이 깊어가면
마을의 집집마다 생대나무 달집을 태웠다
이파리의 불티들이 쏜살같이 하늘 높이 달아났다
투다닥 투다닥 피 ~ 웅
마을의 악귀들이 뒷산을 넘어 달아났다

사물놀이패의 징, 꽹과리 소리는 마을 어귀에서
흥겹고, 하늘에는 불꽃에 줄행랑 친
악귀들의 사연이 어지럽게 휘돌았다

구렁이가 나타났다

새벽잠에서 깨어 창호문 열고 나갔다
동네 사람들 사립문 밖에서 웅성거리고
앞집 사랑채 용마루에 내 몸통만한 구렁이가
걸쳐 있었다
구렁이 주위를 수백 마리의 참새 떼가 모여들어
'짹 짹 짹 짹,
구렁이 몸통 위를 오르락내리락 맴돌며 울어댔다
아랫집 할머니 물 한 그릇과 북어 한 마리
상에 받쳐들고 두 손을 부비며 중얼거렸다
집집마다 그 집을 지키는 구렁이가 있는겨
집을 지키는 혼령님 어쩌다 이렇게 나오셨당가요?
눈에 띄지 않게 어서 돌아가시랑께요
비나이다 비나이다
간절한 할머니의 기도에도 움직이지 않는 구렁이.
집구렁이가 나타나면 그 집안에 우환이 계속 된다는디
어머니 걱정이 태산이다

유년의 내 몸통만한 구렁이는 어디로 갔을까?
어머니의 걱정스런 말소리만 꿈속에서 들려온다

아랫집은 소리없이 기울어져 갔다
그 집 식솔들은 멀리 이사를 가고
보이지 않았다
빈 집만 덩그마니 서 있었다
보아뱀 같은 구렁이는 어디서 왔을까?
어느 사막에서 헤매고 있을까
집을 나간 구렁이의 행방이 궁금하다

웅덩이가 여는 길

뒤뜰로 난 정젯문을 열고 나가면
빨간 앵두 달랑거리는 앵두나무가 있고
장독대를 지나서 큰 상수리나무가 있다
가파른 길을 숨가쁘게 오르고
감나무가 있는 작은 텃밭을 지나서
언덕을 건너가면
장마철 쏜살같이 달려온 북덕물이 만든
웅덩이가 있다
물이 마른 웅덩이 안에는 수많은 길이 또아리를
틀고 앉아있다
상급학교 합격통지서를 안고 울던 웅덩이 안에서는
하늘을 날아다니는 새들이 보였다
솔방울이 서로 이야기를 쫑알대고,
잠자리가 날아와서 큰 눈을 반짝이며 산 너머
이야기를 전했다
많은 길을 펼쳐놓은 웅덩이 안의 길
아무도 모르는 계곡물의 놀이터가
새 길을 열어가고 있었다
웅덩이 안에는 새로운 길들이 살아가고 있었다

가을밤

지친 길들을 끌어안고 귀뚜라미가
한 밤을 지새워
별을 헤고 있습니다

별은 샘을 도우려고 온 힘을 다해
반짝거립니다
하늘과 땅이 환해집니다
동쪽 하늘가에 조각달이 웃고 있습니다

추억을 따라 걷다

산딸기 붉은 길에서 산딸기 따먹고 놀고
버찌나무 그늘에서 버찌 주워 옷에 물들이고
풀꽃시계 만들어 팔목에 차고 놀던, 삼십 년 전
동무들과 옛길 찾아간다
긴 세월 잃어버린 길
터널 뚫리기 전 광주에서 화순까지
산 하나를 휘돌던 묵은 길을 간다
머루빛 눈 아이들 낳고 잘 사느냐고
안부도 묻지 못하고 살아왔다
찔레꽃, 삐비꽃, 흐드러져 피는 길
풀맛으로 나뒹굴던 세월을 지나
향기 질펀거리는 길을 찾아간다
쥐어짜면 짤 수록 덧나는 사랑 인적 드문 옛길.
풀물 얼룩진 길 위에 돌멩이는 이끼 입고,
늙은 느릅나무 우리를 반긴다
한뎃잠 자며 깊은 밤길 걸어온 삶
강물이 계곡이 그립다고 되돌아 갈 수 없듯
침묵의 발걸음들.
청솔이 푸른들 몇 천 년을 살겠느냐

송홧가루 날려 눈시울이 따갑다고
세월을 잡을 수 있겠느냐

어린나무들 자라 큰 숲을 이루고
새소리가 산골짜기 흔들어 깨운 푸른 옛길을 간다

물레질

어머니는 긴 세월
물레질을 하셨다
헝클어진 타래실을 쉼 없이 사리고
날실들을 다스리고,
어머니의 물레질은 끝이 없는 길이었다
창호문을 뒤흔들던 바람의 으름장 속에는
늘 목화송이에서 건져 올려 진 날실.
무명실을 뽑아내는 날은 씨줄 한 올이
햇살에 걸려 서성거렸다

토해낸 실로 비단 궁전을 짓고 들어앉는 누에처럼
팽팽하게 당겨지며 빙글빙글 돌아가는
물렛줄에 목숨을 건 삶
천둥번개 휘몰아치는 밤이면
칭얼대던 더뎅잇병 같은 恨을
다독이며 질긴 삼베줄로 길을 내셨던 어머니
얽힌 실매듭 푸시고 살던
아픈 타래실뭉치들.

무명실 한 올의 사랑과
삼실 한 가닥의 질긴 견딤을 만삭의 배를 안고
돌고 돌아온 길
욱신거린 몸뚱이 물렛돌에 부려놓고
눈에 밟힌 새끼들 버려두고,
뒤돌아 보여 먼 길 어찌 가셨을까?

실의 끝과 길의 끝은 보이지 않는다는 걸
길고 긴 어머니의 물레소리가 겨울밤
윙 - 윙
소리 내어 울고 있다.

굴렁쇠와 봄

질퍽이는 길 위에서 아이가
굴렁대의 미는 방향으로 넘어질 듯
굴렁쇠를 굴린다
구르는 굴렁쇠,
아이의 마음이 바쁘다

바퀴가 한 번 구르면 세상이
배추속 같은 배를 뒤척이며 붉은 생채기를
벌여 보인다
다시 또 구르면 땀방울 맺힌 얼굴들이
원 안에서 툭툭 튀어나온다

비탈길을 오르며 바퀴는 회오리바람같이
햇살을 부수고,
바위 틈과 가시나무 울타리를 스치고
지나가는 길라잡이 굴렁쇠.
속도가 가해질 수록 바퀴 밑에 엉겨
굴러가는 세월이 번개같이 달린다

돌담의 모퉁이길을 휘돌아 아이는 푸른 풀밭으로
굴렁쇠를 굴리며 달린다

쑥 뜸

팔 뒤꿈치에 눌러앉은 염치없는 병
상하골절염이란다
낯선 얼굴로 후박나무 넓은 잎을 바라보는 것이나
까치 둥우리를 만나게 되는 것이나
바라본다고 하늘이 보이는 것은 아니다
살아감이 대궁밥처럼 천방지축으로 기우는 것은
무슨 애통터질 심사인지

이 병에는 뜸이 좋단다, 쑥 뜸을 시작했다
팔 뒤꿈치에 강화미니뜸을 올려놓고 불을 붙인다
연기가 스멀스멀 풀어지며 살갗을 감싸고 타들어간다
어째 이 정도면 괜찮지?
이만하면 참을 만하지?
능구렁이가 담을 넘듯 능청을 떨면서 서서히
고문을 시작한다
네 삶의 맛이 이 맛이야, 달짝지근하데, 짭짜름하데?
이 만큼? 이 만큼?
소리없이 조여들어온다
사는 것이 목마르디, 뜨겁고 가파르디,

곧은 길만 걸었냐? 시시콜콜
다그친다
굼실굼실 검은 연기 앞세우고 상처에서 기어 나오는
묵은 벌레들.
있는 죄 없는 죄 다 까발리고 말없이 꺼져간다
화인 맞은 자리 부풀고
나으라는 병은 낫지 않고
상처 위에 붉은 꽃 한 송이가 활짝 피었다

길, 지워짐

오십 년 전
코밑에 나 있는 길을 지운다
다리 밑으로 떨어져 만들어진 깊은 흉터.
어머니 무논에서 달려와 호밋자루 내동댕이치고
쑥닢 찧어 싸매놓은
상처 들쳐업고 시오릿 길 달려서 꿰매놓은 길
성형외과에서 없애기로 한다
뒤틀리고 헝클어진 생의 골목마다 생긴 곁길들
칼날로 도려내고 레이저로 없앤다
육 개월 후 제 수술도 생각하십시오
수술대 위에서 외과의사의 목소리 아련하고

구부러진 길은 곧게 펴기가 어렵구나!

가시네 얼굴에 흉터가 많으면 팔자가 센 벱이랑께.
버선발로 뛰시던 어머니 애달픈 목소리도 귓가에 서성거린다
나뭇잎은 흔들리고, 오십 년 전 생긴 길을 칼날로 도려낸다

더넘이 상처가 하나 더 생긴다
오늘은 햇살이 해맑다

장승

물방울처럼 살아가려 했다
물길 따라 흐르는 대로 하얗게 거품이 일 듯
맑은 웃음으로만
살아가려 했다
그런데
어느날 거울 앞에 선 여자
퉁방울로 툭 튀어나온 두 눈
헤벌어진 입
축 늘어진 귀가 영락없는 돌덩이
만무방이다

뜨겁게 살아보려 했다
미지근하지 않게
불꽃처럼 살려고 했다
그러나
어느날 뒤돌아보니
상징성만을 붙든 형상을 하고
욕심에 부르튼 얼굴로 숲속에 '턱' 버티고
서 있는 돌미륵 아닌가

우스꽝스러운 모습으로
동구어귀에 장승이 되어 서 있는
생각만 들끓는 고목 아닌가

닭이 울다 1

첫닭 울음소리가 베드로의 통곡소리와
어울려 골짜기를 휘돌아 오면
깊은 잠자던 마을이 잠에서 깨어 날개를 퍼덕인다
비틀거리며 달아나는 작은 이슬방울들
마실방에 모여앉아 닭서리 하던 머스매들
주렁주렁 마음의 죄 매달고 잠이 든다
두 번째 닭이 우는 미명이면 계집종에게 당한
베드로의 절규를 은빛 햇살들이 비아냥거리며 뛰어다닌다
돌담마다 헝클어진 호박넝쿨들 깔끄러운 살갗에
호롱불 켜들고 밤을 밀어낸다

싸리울 높이 날아올라 홰를 치는 수탉
천둥과 우레로 뒤흔들던 어둠은 가고 휘청거리는
마을의 불빛
세 번째 닭의 울음으로 창마다 햇살이 쏟아져 들어오고
시몬의 통곡소리는 점점 더 애절해지는데
씨를 밴 해는 수풀을 헤치고 떠오른다
마음의 덧문이 활짝 열릴 때면
축복의 말씀들이 당산나무 등걸

담쟁이넝쿨에 둥우리를 틀고
붉게 물든다

닭이 울다 2

영세명이 조 베드로인 큰 오라비가
새벽이슬 털며가던 산언덕 오솔길이 외롭다
시간은 붉은 장미꽃송이만 지게 하는 것이
아니라는 낯선 길을 보았다
닭은 울고 또 울고
마른번개 치는 밤이면
가슴 골짜기를 뒤흔들던 늑대 울음소리 잠잠해지고
흙으로 돌아가는 길.
암탉이 알을 낳고 홰를 치며 날개를 퍼덕이면
헛간에서는 또 다른 하나의 알이 꿈틀거리며 날개를 펼친다
연기 한 올이 휘감고 올라가는 혼의 뒤뜰 한 쪽
하늘길엔 언제나 무지개가
언약의 징표로 떠오르고 둥우리의 알에서는
노랗게 주둥이들이 솟아오른다
만삭이 된 햇덩이 둥두렷이 떠오르면
마을의 등뼈에는 어느새
큰 날개가 솟아 온 마을이 들썩이며 날아오른다

창을 열고

바람 부는 저녁, 창가에 찾아와 나풀거리는
붉은 꽃잎 하나 품을 파고들더니만
흐느껴 우네
깊고 아득한 울음
모퉁이 길을 돌고 돌아서 내 창가에 와
날갯짓 파닥이며 앓는 영혼들이
곱게 피워 낸 붉은 꽃잎
지나는 바람 한 자락이 숨을 죽이더니
꽃잎 위에 가만히 날개를 접네

봄이 옹알이하다

눈보라 휘몰아치는 겨울의 자궁 속에서
꿈틀거리며 태어나는 새움들.
홍매의 나뭇가지 끝에서 붉은 옹아리가 옹알옹알
산수유 눈썹에는 노랑 옹알이가 옹알옹알
들판에는 푸른 옹알이들이 푸르다
제비꽃은 보랏빛 옹알이 옹알거리고
어둠을 뚫고 나온 산과 들의 만물이
쉴 새 없이 옹알옹알옹알 옹알.
알 수 없는 언어들이 한꺼번에 쏟아져 나와
시끌 시끌 시끌
세상이 온통 잔칫집이다.

말미잘 같은 사랑을 가졌어라
그 뿌리 아득해서
삭정이 같은 육신 속에도 꿈틀거리는 봄눈을 가졌어라
산길 떡갈나무 잎새 서걱거리는
소리 같은 심연의 한켠에 바스락거리는
꿈 같은 작은 등불을 가졌어라
그 등불 점점 달아올라

산천에 파란 싹이 눈을 뜨고
오색빛깔 봄동산은 순을 밀어 올리며
옹알거리는,

홍매화의 붉은 열매와 흰 날개 민들레의
씨앗을 기다리며
자라거라 자라거라
옹알이가 그칠 때까지 바라보는 수밖에.

천둥치다

어디서부터 몰려오는 함성과 호탕한
웃음소리인가
저 황토벌에 불항아리 뒹구는 소리
우르릉거리며 번쩍이는 저
불칼의 휘두름을 누가 감당하며
어떻게 길들일 것인가?

산봉우리를 넘어 깃발을 앞세우고
장대비가 몰려오고 있다
죄인들은 침묵해야 하리라

피나물꽃

나를 꺾지 마시오.
나는 꺾일 때마다 피를 토하오
내 삶은 피밭이라서
힘없는 여린 잡초라서
밟히면 뭉개지고 붉은 피
낭자하게 쏟아 놓으니

덤불밭 헤매이다 혹시
노랗게 질린 피나물꽃을 만나거든
그냥 지나치지 마시고
한 번만이라도 애잔한 눈으로 쳐다보아 주시오

엉겅퀴와 개망초꽃

몸뚱이에 온통 가시를 세우고 살았다
찐득이는 앙칼진 마음으로
가슴엔 칼날을 품고도 얼굴에는
장미꽃 같은 환한 웃음으로 치장을 했다
그녀에게 붙들리면 빠져 나올 수가 없었다
수렁이었다
깃털의 모자를 쓰고 고혹적인 웃음으로
날벌레를 불러 모았다

희고 맑은 산골 머스매였다
나비와 잠자리가 어울려 살았다
바람이 불면 바람 따라 흔들렸고
빗방울이 뛰어들면 품어주었다
그는 그녀를 사랑했다
코스모스같이 살기를 바랐다
바람결에 그녀를 찾아갔다가 머리채만
한움큼 뽑히고 돌아왔다
개망초의 이웃엔 엉겅퀴가 가시꽃을 피우고 살았다
숲은 언제나 푸르게 흔들렸다

모란 한 송이

조운 시인 생가 마당가
모란 한 송이 붉다
두 쪽으로 나뉘어 슬픈 길
남쪽을 버리고 북으로 간 시인이여
몇 날 몇 밤을 지새우며
불꽃처럼 타다가 모란 한 송이
피워놓고
떠나갔을 꺼나
땅 위의 길과 하늘 길같이
만나지 못한 두 길
바람은 불어 노란 꽃가루 휘날린다
시인의 염원이 한 잎 한 잎
붉은 꽃잎을 피웠으리라

홀로 핏빛눈물 삼키며
월북의 걸음
못 가져간 마음 한쪽이
꽃송이로 흐드러져
후배 시인들을 맞고 있다

비가 온다

비가 온다 봄비가 온다
휘몰아치는 태풍을 몰고 여름이 곧 오리라는 예언처럼
바스락 바스락 비가 온다
바람이 불고 천둥번개가 뒤따르리라
죽은 자들이 살아나리라
핏빛 철쭉꽃이 사랑을 부르리라
비가 온다 봄비가 온다
내일이면 흰 뿌리들이 일어서리라
벌거벗은 가지들이 새움을 틔우리라
둥지마다 얼룩무늬 알을 낳아, 헐떡이는
숨소리가 산을 흔들어 깨우리라
황톳길에는 붉은 수염의 선지자들이
예복의 수술을 철렁이며 제단으로 향해 가리라
비가 온다
산천이 모두 뒤척이리라
새로운 세상이 오리라

12월 31일

벽시계 속에서
두 발이 뚜벅뚜벅 걸어 나오더니
쫓아오고 있다
한 발짝 달아나면 두 발짝 따라오고
두 발짝 달아나면 세 발짝 네 발짝……
숨막히는 달음박질
막다른 골목에서 뒤돌아보니
숭숭 구멍 뚫린 시간에
바람꽃만 수북이 피어있는 세밀
벌집 속을 걸어나가는
사랑 한 줄기.

구슬치기

선머스매처럼 높은 상수리나무에 올랐습니다
어둠은 어슬렁걸음으로 걸려있고
하늘가에 솟아있는 상수리 나뭇가지에 달린 상수리를
땁니다
겁 많은 오래비 친구들이
나뭇가지 위에서는 상수리 알처럼 조막만합니다

치맛자락에 한보따리 따온 풋상수리
마당귀에 풀어놓고
동네 머스매들과 구슬치기를 합니다
앞마당에 구멍을 뚫고 상수리 알맹이 궁굴립니다
붉은 사루비아꽃 가득 핀 마당가
풋상수리가 또그르르 숨습니다
코스모스도 방긋 웃습니다
구슬치기 동무들의 해맑은
눈동자가 상수리구슬을 따라가며 반짝거립니다
아침 일찍 잠에서 깨어난 참새 떼가 빨랫줄에 앉아서
뭐라 뭐라고,
쫑알거리며 응원을 합니다

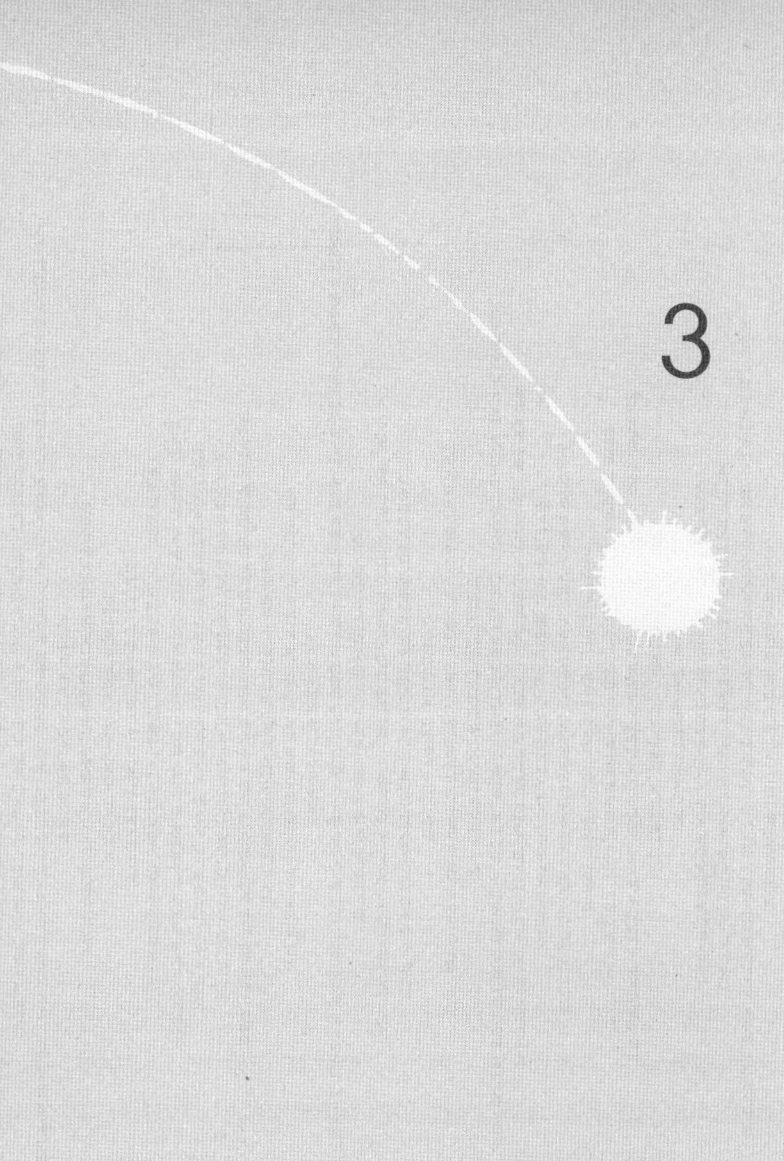

3

숲속 오막살이 한 채 짓다

숲속 왕거미가 집을 짓는다
요술쟁이처럼 빙글빙글 거미줄을 잦아올린다
쭈그러져가는 육신으로 온 힘을 다하는 生.
비단실의 거미줄에 새의 붉은 울음이 걸려 흔들거리고
하루살이 날개도 걸려 반짝 거린다
때로는 바람자락이 길을 잃고 매달려
'웅 웅' 소리가 대롱대롱 달려있다
청솔의 이파리, 미루나무가지, 오갈피나무에
은빛으로 반짝이는 궁궐들
수풀 속 질기고 끈적거리는 덫.

햇살은 거미줄에 뛰어들어
깔깔거리고
거미의 도투마리에는 그리움처럼 비단실이
끝없이 감겨 있다
아직 날은 환하다
거미는 촉수를 세우고 애오라지 기다린다
그리움은 길고
비단실의 거미줄에 걸려 서성거린다

붉은 사랑 자라고 있다

영혼의 언덕에 언제부턴가 석류나무 한 그루
가시 곧추세우고 자라고 있었다
패랭이꽃, 제비꽃, 쑥부쟁이, 작은 들꽃들도 어우러져
살아내고 있다는 것을 아무도 몰랐다
석류나무 가지치고 터전 넓혀
어느새 가지 끝에는 열매를 매달았다
석류송이 한꺼번에 벌어 잉걸불로 타올라
붉은 빛 쏟아내고,
온 몸이 모닥불로 타오르는걸 그 누구도
알지 못했다
알알이 석류알 익어가고 있었다.

하얀 길이 또 다른 흰 길을 열고

눈송이가 소곤소곤 내립니다
가벼운 몸 가볍지 않게 살아보려고 높이높이
눈꽃송이가 날아오릅니다
땅 위에 내려앉는 것이 먼 길 떠나다는걸 알기에
한 줄기 물의 목숨임을 알기에, 하루살이 하루살기를
거부하고 하늘 향해 솟구칩니다
연어가 거슬러 오르는 것이 아름답습니다
바람의 날개를 부여잡고 훨훨
멀리 날아갑니다

천 개의 바람자락 붙잡고 눈송이가 살아납니다
가벼운 날개 꽃잎처럼 펼치고
흰 길을 업고 날아오릅니다
허공에는 다른 길이 하얗게 날개를 펼칩니다

토란잎 위의 빗방울 놀다

온갖 설움 품고 눈물방울 툭, 툭,
무너져 내립니다
당신은 아무 말 없이 의지가 없는
내 몸을 안아 당신의 일부로
품었습니다.

씀바귀풀 같은 길을 돌고 돌아 흩어진
생각을 모아 둥글게 젊어지고
당신의 품에 파고들었더니
당신은 내 눈물방울을 어루만져서
꽃물 든 알맹이로 만들어 주었습니다
어느샌가
또르르 또르르
해맑은 유리구슬이 되어
당신 품에서 탱글탱글 웃고 있습니다

육고기 책 속에는

비엔날레 전시관 한켠에 마터바리오의
육고기 책이 전시되어있다
피가 뚝 뚝 떨어지는 빨간 고깃덩어리를
책 모양으로 펼쳐 놓았다
작품 앞에 박힌 듯 서서
내 육신을 네모꼴로 저며서 그 자리에 올려본다
한 장 두 장 넘겨본다
육질에 박힌 시신경들 틈을
한 잎 한 잎 너풀거리며 떨어져 나오는 붉은
꽃 이파리들 눈이 부시다
꽃잎이 나비처럼 하늘을 향해 날아오른다
페이지를 넘길 때마다 무더기로 피어오르는 피꽃
더 깊이 들어간다
세미하게 얽힌 신경의 조직 속에서
핏물의 언어들이 만들어내는 肉身.
뒤섞이는 빛깔이 검붉다
핏빛의 춤 사이를 함께 어울려 출렁인다
들어갈 수록 눈부시게 펼쳐지는
떠나야 할 긴 피안의 꽃길.

차마
깊이 들어갈 수가 없어서 더 펼치지 못하고
페이지를 접고 발길을
돌려 돌아선다

황토 한 줌 묵혀서

낙엽 위에 앉아 글을 쓰는데
바짓가랑이에
풀씨 하나 날아와 앉는다
깃털 활짝 펼치고 버티고 앉아 떨어지지 않는
이름 모를 풀씨
안간힘으로 달라붙는,
그래
옥토다 내 다리 내어주마
붉은 살갗 파고드는 씨앗
싹을 틔우려나?
내 생이 흙 한줌이다
붉고 푸른 황토다
결국
기름진 흙 한줌으로 돌아갈 육신
너에게 미리 주마

그믐 달빛

해를 통째로 꿀꺽 삼키는 거예요
뜨겁게 불타는 불항아리가 되어버리는 거예요
여린 것들 품에 안아 키우는 암탉 한 마리.
봄은 아직 멀기만 하고,
두꺼운 껍질 속으로 파고 들어가
거추장스런 살옷 벗어버리고 그저 야들야들한
속살로만 살다가
저물어버리는 거예요
햇살이 여위어 보이지 않을 때까지
푹 삭아서 안으로 안으로 반사되는 거예요
신의 섭리처럼 침묵으로
무엇에게 주랴, 청산에게 주랴?
자구나무 한 그루의 밑거름이 되랴?
이내 썩은 육신 저물어가는 보이지 않는 그믐달빛.

무대 위에 서다

그대여
고샅길에 스쳐 닳고 닳은
치맛자락 걷어잡고
춤이나 한번 추어 볼까나

푸른 한철 지나고 나면
육신의 그루터기 움켜쥐고
질근질근 풀뿌리의 한
병신춤이나 한바탕 추워 볼까나

바퀴살에 반짝이는 노을빛
비 ~ 잉 비 ~ 잉 돌려서
한맺힌 이 세상 뒤채는 어둠을
얼레빗 참빗질로 머리털 풀어 산발하고
당골네춤이나 추워 볼까나

그대여
벼랑에 매달린 혼
피멍든 샛강가에 아픈 짐 부려놓고

몽달귀신 신기 맞아서
얼쑤, 얼쑤 어 얼쑤
곱사등이 춤이나 추워 볼까나

詩

마무리 해놓은 원고에
네 살 박이 손녀가 그림을 그려 놓았다.
눈은 짝눈에 땡그랗고,
몸은 드럼통에 발은 날아오르는 황새발 같다
머리만 커서 보름달이고, 몇 가닥 머리카락은 양쪽
갈래머리로 묶어 놓은 아이 그림이다.
얼굴 반만큼 V자로 짝 찢어진 입은 웃고 있다
그리고 지 이름을 삐툴삐툴 써놨다
'나 유영'
그림을 보는 순간
손녀의 조막만한 손이 내 뒤통수를
툭 내리쳤다
할무니,
내 그림을 보세요
詩는 이렇게 쓰는 거야

옳다!
시는 꾸미는 게 아니라
눈은 땡그랗고 입은 삐뚤어진

네 그림이 시가 되는구나
이제껏 내가 쓴 시들이 허세를 부리며 날개를 펴고
우 - 우
나를 향해 시위를 하듯 달려들었다

강의 어귀에서 휘돌아나가다

작은 새들의 날갯짓이 가냘프다
강물이 일어선다
날아오르는 검은댕기해오라기, 도요새가
먼 길을 떠난다
소용돌이치는 물결을 따라서 밀리는
등 굽은 새우 떼들
강가의 잡목 숲에는 새들이 알을 낳고
풀꽃들이 등불을 밝혀들고
바람을 맞는다
물에 휩쓸려온 거친 돌들이 서로 몸 부딪쳐 둥글어진다.
강의 어귀에 늦은 초승의
눈썹달빛이 서성거린다
강물은 웅덩이를 휘돌아 흘러가고
새들은 둥우리를 찾아 먼 길 떠난다

달리다굼*

흐르는 핏물 돌려세워

세상 한가운데

우뚝 서다.

와 !

피어났다.

해바라기 꽃무더기

* ‘소녀야 일어나라’는 뜻의 마가복음 4:51절 말씀.

밤차를 타고

서울에서 고향으로 돌아가는 길
어둠을 헤치고 밤차가 달립니다
차창에 부딪치는 바람소리가 윙 윙 거립니다
맞은 편 차의 불빛만이 따스합니다
태어남과 떠남은 길 위에서 서로 엇갈리고
별빛마저 보이지 않습니다

기우는 달과 차오르는 달은 항상
다른 길을 가는 것.
초승달 한 조각이 하늘가에 걸려 있습니다
올라가는 길은 환하더니
내려가는 길은 어둠입니다
산 그림자만 어둑어둑 스칩니다

등꽃 아래서

머리 위에서 쏟아져 내리는 샛별들
달그림자와 손잡고 오는 달콤한 향기
우주의 별들이 뚝 뚝 쏟아져 운동장에 앉아 있다
벌 나비가 놀라 수직으로 날아오른다
문득,
生이 지는 체재기
우루루루
석양이 길 떠난다

꽃이 진 자리가 움푹 흔적으로 남는다
꽃숭어리들의 침묵
땅속에 가만히 들어앉는다

사막에서 살아가기

땀샘마다 박힌 선인장의 가시는
제 푸른 살갗 파헤치지 못하고 하늘만 본다
모래알들 속에 뿌리를 내리고
수천 미터의 지층을 헤매며
한 모금의 물을 찾다가
살갗에 솟아오른 가시의 비늘
낙타는 간다.
전갈과 방울뱀의 도시를 지나
방울소리 쩔렁거리며 간다

가슴을 가시에 찔려서 죽어가는 가시나무
새 한 마리 사막의 하늘 위로 날아오른다
낮아지고 낮아져가는 낙타 등의
봉우리마저 어찌 할 수 없을 때 목이 마르는 길.
하늘은 하늘이라서 안개를 품고 사막은
사막이라서 오아시스를 만들어 간다

심장 위에 하나의 꽃을 피우기 위해
불볕 속에서 기다리는 백년의 세월,

달아오른 모래알 속에 뿌리를 내리고
꽃송이를 피우는 사막의 선인장꽃.

할미꽃 전설

산자락 끝 후미진 골짜기에 깊이
뿌리를 내리며 억겁을 살아도
고개를 들 수 없는 것은
바람이 무서워서가 아니다

밟히면 무너져야 할
솜털의 육신은 하찮은 목숨일 뿐
안으로 안으로만 감추어 살아온
작은 사랑은 진한 자줏빛.

별들은 하늘의 삼천 혼으로 반짝이는데
일렁이는 강물에 배 띄워도 씻지 못할
천형의 죗값으로 살아가는
할머니 무덤 위에 허리 구부려 핀 보랏빛 혼.

아카시아꽃 활짝 피었다

미친 여자가 웃는다
하얀 이를 모두 드러내놓고
히 히 히 철없이 웃는다
계절이 바뀌면 머리카락 산발하고
넋 잃고 온전치 못한 여자
강가에 주저앉아 웃는다
남산만한 배통아리를 끌고 다니며
개오동꽃 만발한 오솔길을 헤매 다니던
그 여자 송알송알 하얗게 웃는다

미친 여자가 웃는다
치맛자락 펄럭이며 간들어지고
근동의 벌떼들 불러 모아
오만가지 향기를 건네주던 여자
한꺼번에 터진 웃음소리에 온 마을이 하얗다
새떼들도 어울려 흰 웃음을 운다

석양이 떠나는 길

햇살을 모두 거두어들인 여름의 해가 채 식지 못한
붉은 몸뚱이로 서산마루에 앉아 있다
떠나가는 마지막 아쉬움을 뒤돌아보듯
도시의 빌딩 숲을 물끄러미 내려다본다
마지막 햇살의 눈총에
이파리들 일렁거리고
골목길에 부는 바람 한자락에 꽃뱀은 똬리를
틀고 앉아있다
젊은날의 메뚜기떼들.
많은 길들은 초원으로 향하고
숲속에서 후드득 뜀을 뛰는 풀벌레의 날갯짓이
부스럭거리며 살아 오른다

어느 골목에서는 개가 짓고 어느
계단 끝에는 넝쿨장미가 웃고 있다
해는 수레바퀴를 굴리며 덜커덕덜커덕 허공에 길을 낸다
이글거리는 눈빛을 산허리에
앉혀놓고 어느덧 서산을 넘어
길을 떠난다

내일은 다시 몸치장 끝낸 가을 잎을 앞세우고
뚱땅거리며 돌아올 것이다

장맛비는 내리고

쭈그렁 할머니 펑펑 울었싼다
아들 먼저 하늘나라에 보내고
손자도 먼저 보내고, 껍데기만 남은 육신 쥐어짜느라
시도 때도 없이 울어댄다
꽃 먼저 떠나보내고, 벚꽃나무 잎 위에 물방울 뛰놀고
6월을 등에 짊어진 덩굴장미 꽃송이
지 설움에 겨워 붉은 울음 운다

마을 앞 당산나무 세상사
마음대로 되는 게 없다면서
솟구치는 분노를
이파리 비수처럼 꼿꼿이 세우고
하늘 향해 삿대질 해대며 함께 운다
매지구름 한 뭉텅이 땅을 내려다보며
저들을 어쩌까 잉?
저들을 어쩌누!
쉴 새 없이 앙알거리다
주룩주룩 꾸정물 또 퍼붓는다.
눈물이 모여 강물을 따라 휘몰이로 먼 길 떠난다

가을 사랑

길을 잃은 아기 까치의 울음입니다
아픈 생채기에 차오르는 붉은 새살입니다
한때의 붉은 자귀꽃의 꿈이
송이채 '뚝'
떨어지고 말면
꽃 진 자리에 흔적조차 희미한
꽃숭어리입니다

떠돌이 양떼구름처럼
한 골짜기에 머무르지 못하고
긴 밤
꿈속의 별, 별, 별
풋바람 불어와 되살아나는 오색
무지개 한 줌입니다
이파리의 아픈 핏줄의 발란으로
갖가지 빛깔의 가을 나뭇잎들이
길 위에 외롭습니다

소용돌이치며 살다

폭우가 쏟아졌다
봇도랑에 앉아서 휘말린다
검붉은 흙탕물이 소용돌이친다
긴 세월
강물이 제 살인 양 품고 살았던 것들
떼어내어 멀리 떠내려보낸다
긴장 속에 뛰어든 황소개구리
한 마리
물살 속에서 허우적이다
그마저 흔적이 없다
미쳐 날뛰는 세월
강과 산이 서로 고개를 넘고 바위가 흔들리고
숲이 소용돌이 속에서 푸른 멍이 든다

그래도 잘 살아왔다
하늘 한 쪽이 붉다
출렁거린다

빈들

비워내고
비워낸
텅 빈 마음의 자리에
애인이여 사루비아 꽃씨를
가득히 뿌려주지 않으시렵니까?
뿌림과 거둠의 날들을 지나
검버섯 핀 살갗에
다시 피워보고 싶은 붉은 깨꽃.

들새 떠난 광야 아직 온기 사라지기 전에
애인이여
사루비아꽃을 피우겠습니다
다시 검은 씨앗 영글어 거두어들일 때까지
넓은 들판 비워 두겠습니다

4

여름, 길 떠난다

팔월의 골짜기를 뒤흔들어 놓은 왕매미울음
여름 한철을 놓치지 않고 세상을 향해 목숨을 건다
짧고 굵게 살고 가자던 친구, 짧은 생
끝내고 떠났다
아직 동구밖 서낭당에 쉬고 있을까?
푸른 생 맛보지 못하고 묵은 땅속에서 때를 기다리던
매미울음 이제야 자지러진다
육신은 찌들어도 정신은 칼날인 친구와
길동무하고 여름이 떠나간다

저녁노을 길, 굵은 칡넝쿨 붙들고 숲으로 간다
여름은 만발한 푸른 삶이다
흩어진 길들을 찾아 붉은 빛깔의 꽃송이 찾아나선다
꽃봉오리에 앉아 볼까
소쩍새울음 떼로 몰려와 귓가를
휘돌아나간다 어지럽다. 여름의 끝자락
햇살이 이파리 위에서 통, 통, 통 소리를 낸다
숲이 출렁거리며 바이올린을 켠다. 매미의 떼울음은
산을 넘어간다

푸른 여름보따리 짊어지고 그 친구 뒤돌아보며 고개 넘어간다

부재 2

텅 빈 구멍이 환하다
오직 당신의 부재에서 시작 된 허공
동굴을 휩쓸어가는 바람소리 웅 웅 귓가를 맴돌다 사라진다
내가 한 말 되돌아와 담쟁이넝쿨로 휘감아 도는 것도
당신의 부재에서 시작된 것이다
수많은 하늘의 별들 사이에 반짝이며 떨어지는 한 개의
별똥별빛처럼
몸짓 하나 말 한마디
어머니, 당신의 빈자리 때문인 것이다.
싸늘하게 식어 돌아온 내 노래들이
나를 데불고 놀 뿐
노을 타는 붉은 저녁 무렵까지
서로가 서로의 존재를 잊지 못한 탓이다

길 위에서 서성이다

숲에 들어 있으면 영락없이 숲이 된다
나무가 되기도 하고 가시덩굴이 되어
하얀 찔레꽃송이를 피운다
바다에 가면 바다가 된다
헐떡이는 파도가 되고
수억 광년을 구르다가 모가 닳은 몽돌이 된다

그런데
길 위에서
길이 되지 못한다
붉은 황토밭에서 붉지도 못하고
아스팔트길에서는 미끄럼을 탄다
길이 나를 끌고 간다
출렁이는 길 위에서 흔들리며 서성거린다
길 끝은 아득한데 모퉁이길이 머리채를 잡고 끌고 다닌다

칡넝쿨

미안타
땅바닥에 찰싹 달라붙어서 기어 살라고만
내가 그랬다
그런데
나무를 덮고 가시를 피하고, 바위를 건너뛰어서
호화스럽고 둥근 집을 지었다

미안타
낭떠러지를 만나면 풀뿌리 움켜쥐고 견디라고만
했는데 잡목들을 딛고
큰 이파리 너풀대며 당당하게 일어섰다

여린 덩굴손들이 어깨동무하고 산봉우리 하나를 안고있다

雪山에 길이 있다

흰 언어들이 내려와
모여 앉았다, 세상이 온통 환하다
사람들의 발자국은 없고 길이
보이지 않는다
날다람쥐 한 마리가 이 나무에서
저 나무로 날아간다
허공에 길 하나 하얗게 생긴다
까치가 텅 빈 둥지에서 울고 있다
나뭇가지들이 주저리주저리 말을 걸어온다
설산에서는 잡목들이 더 아름답다는 것을
사람들은 알까?
산천이 옥양목천을 뒤집어쓰고 무슨
모사를 하는지
눈송이들이 산등성이를 넘어 또 몰려간다
어둠속에서 서로를 다독거리는
뿌리가 들린다, 춥다
나뭇가지들이 숨을 쉬느라 마른가지가 꿈틀거린다

등불은 어둠이 끄지 못한다

어둠이 등불을 켰다
등불에 비친 길이 환하다
어둠은 반딧불 하나도 지우지 못한다
하늘의 별빛을 바라보며 살아온 세월만 탄탄하다

등불은 햇살이 지운다
어둠은 어둠이 덮고 산은 산이 감싸 안는다
내 안의 아픔은 내가 딱지를 만든다
열병은 사랑만이 치료할 수가 있다

어둠이 등불을 켰다
켜진 불빛을 수억 년 후에도 어둠이 지켜갈 것이다
칠흑의 어둠은 등불을 더 환하게
드러낼 것이다

오월에 피는 꽃이 쫑알거리다

아이가 웃는다
흰 이를 가지런히 드러내고 해맑은 웃음이 핀다
봄날의 옹알이가 아장거리며 걸어온다

죽음 같은 겨울의 어둡고 시린 아픔 속에서
이파리들의 꿈은 오롯하다
오월의 차가운 칼날 앞에서도 금남로의 거리에는
아카시아꽃이 피었다
하얀 꽃잎들이 핏빛과 잘 놀고 있었다
지난겨울의 몽니쟁이 같은 상처에는 새싹이 파랗다
학교의 운동장에는 조잘거리는 꽃망울이 피어나고
벌떼들은 잉 잉 거리며 꿀 잔치다
달콤한 꿈들
골목 한 귀퉁이에 흐드러진 넝쿨장미꽃
붉은 꽃송이 젊어지고 앞으로 나아간다
빈 의자에 모여 앉은 할머니들
머리카락이 아카시아 꽃송이처럼 환하다
오월이면
흰옷을 입은 어린 혼들 푸른빛으로 옹골지게 되살아난다
향기는 출렁출렁 허공을 날아다닌다

겨울 저녁

어둔 구름떼 한 무리가
노을을 거느리고
서쪽 산봉우리를 넘어간다
'휘~익'
휘파람새가 하늘로 날아오른다
회색빛 하늘은 버팀목처럼
큰 구름 한 뭉치를 받쳐 들고 성자처럼 서 있다
어둑어둑 날은 저물고
지친 나그네로 우두커니 서 있는 숲의 나무들
바람이 스칠 때마다
가지에서 관절의 서걱거리는 소리가 난다
흰 황새 한 마리가 둥지를 찾아
석양 속으로 날아든다
날갯죽지가 붉게 물든다
하늘이 또 한바탕 요동을 친다

홍화꽃 피었다

동복면 연동마을에 홍화꽃이 피었다
이름이 홍화라서 붉게 핀 꽃
몸뚱이에 시퍼런 가시를 세우고 서서
벌 나비도 얼씬 못하게 하는 여자
바람 부는 들판에 옹골지게 모여앉아
꽃 이파리 한 장도 떨어뜨리지 않고 몽땅 시들어버리는
대책없는 여인들의 恨.
오백년 묵은 귀목나무 아래 모여 앉은
마을 아낙네 입방아질에 오르내리는 사금파리 같은 홍화

그 붉은 여자
미색이 뛰어나고 성깔은 고약해서
뼈 마디마디 쑤시는데 다독이며 홀로 서성이는
외로움을 밥으로 먹고 산다는
이 마을의 홀로 사는 홍안의 아씨.

멜로디가 살아나다

살아있는 것이 한 가닥
멜로디를 향한 바람으로 서성거린다
거미 한 마리가 숲속에 걸어놓은 은빛거미줄에
새벽이슬방울이 그네를 탄다, 탱탱하다
나무등걸의 수렁에서 꿈틀거리는 장수하늘소.
이파리의 꿈은 연잎 위에 무지개로 떠오르고
얼비치는 온갖 빛깔의 꿈들이 반짝거린다
강물이 팔딱거리며 흐른다
햇살이 놀고 있는 물결 위에는 알 수 없는 음악이
물결과 함께 속살거린다
숲속의 작은 멜로디를 나비의 날갯짓이 휘감아 돌고
손등을 스치는 부드러운 촉감들
어둠속에서도 온몸에 감기는
가냘픈 파동.

나뭇가지에 고개 내민 새움들의 빛깔이 한데
어울려 오케스트라 선율이 출렁거리고
봄이 오고 있다

장미꽃 속에 물방울 놀다

비 개인 뒤
돌담의 얼크러진 넝쿨장미 꽃송이 안에서
노니는 물방울
빨강 꽃잎 위에는 빨강 물방울
노랑 꽃잎에는 노랑 물방울
또르르 또르르
장미꽃 속에서 벌나비와 함께 논다

호랑나비 날개 위에는 호랑무늬 물방울이
탱글거리고 흰나비 날개에는 햇살이 놀고있다
오색빛깔 꽃잎 위에서 물방울은 초롱이다가
흔적없이 사라져 보이지 않고,

바람이 꽃잎을 어루만지고 간다

하나님의 장맛비

만물을 떡 주무르듯 하시는 하나님이
빗방울을 만들어 강가에 던지신다
그 빗방울들이 깨어져서
낮은 데로 낮은 데로
납작납작 어푸러져서 땅 밑으로 스며든다
자신이 깨어지는 것이
자신을 죽이는 것이 진짜 사랑이라고
빗방울을 퍼붓고
보란듯이 다그치신다

한 알이 부서져서 죽으면
새 생명들이 되살아나고
새움이 쑥쑥 고개를 내밀게 하신다
그래도 안심이 안 되시는지
날마다 쏟고 또 쏟아 부으신다

속빈 강정 같은
귀머거리 인생들아
눈 뜨고도 못 본 봉사들아

번갯불 밝히시고 우렛소리로 호통을 치신다
속 차리고 마음 돌려세우라고
밤낮을 빗방울만 만들어 내신다

노아의 시대가 되돌아왔다고
한 달 내내 쉬지 않고 빗방울만
쏟아 부으신다

모자를 버리다

아파트를 분양 받아 입주한지 30년이 되어간다
세월이 흐를수록 선반에는
모자가 늘었다
아이들의 모자는 아이들을 따라서 자랐다
초등학교 동창회, 무슨 체육대회, 카우보이모자, 햇빛 가리개 모자,
별의별 행사모자, 갖가지 모양의 모자가 쌓여갔다
쓸모없는 모자는 버려야지
모자들을 버리기로 했다
이것은 이래서 안되고 저건 저래서 쓸만한데……
버리려고 쏟아놓으면 오만가지 핑계로
다시 제자리에 올라앉았다
쓸려면 무겁고, 어떤 것은 종잇장처럼
가벼워서 쓸모가 없다
그래도 마음대로 못 버렸다

나이 육십 고개를 넘고서야 모자를 모두 벗기로 했다
버리고 남긴 것이 대여섯 개
이것마저 다 버리면 떠나가리라

하늘 언덕길이 평평해진다
남은 길이 새털처럼 가볍겠다

바다가 거칠어지다

분통 터지는 일이 많은 세상살이에
날마다 헐떡거리며 씩씩거리는
저 큰 짐승의 숨소리를 하나님은 듣고 계시는지
참을 만큼 참아보다가 졸병들 하얗게 거느리고,
해변으로 밀려오는 거대한 아가리를 철썩거리며
소리치는 짐승들의 발자국을 보았는가.
견디다
견디다
한쪽 지느러미 '턱' 내리쳐서
순식간에 섬나라 한 귀퉁이를 집어삼키고 되돌아가는,
그래도 화가 치밀어올라
우 우 우 달려오는 거대한 짐승을
왜 하나님은 그냥 보고만 계시는가
거품으로 부글부글 끓는 저 부화를
다박다박 달래주시지 않는단 말인가

동해안을 방황하고 다니던 시간이 있었다
강릉에서 해변을 따라 북쪽으로 가다
찻집 '시인의 마을'에서 쉬고 있었다

어머니를 바닷가에 뿌렸던 청년이 방파제에서 어머니를 그리다가
치맛자락 같은 파도가 달려와 덥썩 청년을 휘몰아갔다
바닷속 돌 밑까지 찾아도 청년은 흔적이 없고
해초들만 너울너울 춤을 추었다
바다는 울분을 참지 못하고 어느날
세상을 덮칠 지도 모른다

꿈을 꾸다

꿈을 꾸었다
달방 바닥에 온통 일개미 떼가
까맣다
수만 마리의 개미가 사방연속 무늬를 만들었다
공사가 한창이다
사각사각 사각 수선스럽다
나는 일개미 떼 위에서 잠을 잤다
일어나보니 살 이랑마다 일개미의
사방연속무늬가 선명한 자국으로 얼룩졌다

나를 지탱한 것이 개미 떼였다니
그것도 일개미 떼라니?
참 어처구니없는 일이다
어처구니없는 일이다

그네 위에서 흔들리다

어둠속 그네 위에 앉아 흔들린다
어지럽다
방향도 없이 흔들거리면서 앞으로
다시 뒤로 밀린다
땅을 밟지 않으려고 두 다리를 쭉 펴서 들어본다
아래는 모래사막 알갱이들 서걱거린다
그네는 흔들리는 것이 생명이라서
내가 그네 위에 실리면 생은 돌멩이가 된다
고개를 뒤로 젖히고 몸을 수평으로 하고
하늘을 본다 별들이 쏟아져 내려 흩뿌려진다
그네는 막대저울 같아서
몸뚱이를 순식간에 궁굴리고 빈 그네는
제 멋대로 팔랑거린다

중심없이 흔들리는 길 찾기다
앞으로 뒤로 흔들리는 그네위에서
떨어지지 않는 구심력
길이 허공에서 자꾸 덜컹거린다

벌목장에서

- IMF를 기억하며

고목들이 넘어집니다
개미 같은 인부들 달음질을 치더니
진달래꽃 뒤로 얼굴만 내밀고 숨습니다
진달래꽃이 활짝 웃습니다
허리 꺾여서 넘어지는 청솔, 뿌리 뽑혀 무너지는 굴참나무,
전천후 전나무들도 밑동만 남기고 무너져 내립니다
이쪽으로 쿵 저쪽으로 쿵 잘도 넘어집니다
우르르르 함께 무너지는 잡목들이 아픕니다
잡풀들은 잡풀대로 잘도 눕습니다

바람자락 장난질에 숲이 흔들립니다
새 떼들이 까맣게 날아오릅니다
독수리, 솔개, 올빼미, 까마귀 떼들이 날아오릅니다
하늘에 닿았습니다
부엉이는 부엉부엉 싸리 울 밖으로 경계선을 넘어 갑니다
불개미는 구물구물 썩은 뿌리 속으로 파고 들어갑니다

햇빛 한 줄기 구름 속에서 뛰어 내립니다

뿌리들 꿈틀꿈틀 몸을 뒤챕니다
누웠던 풀잎들 먼지 털고 꼼지락거리며 일어섭니다
상처들이 아물어갑니다
어린 나무들이 가만히 몸을 부풀립니다
숲이 파랗게 날개를 펼칩니다

탱자꽃

깊이 웅크려 있습니다
바람 지나갈 때를 기다립니다
옥양목 빛으로 바랜 조선여인의 가슴속 같은
꽃 한송이 곱게 피우려합니다
우수수수 지는 법도 배우려합니다
사방에서 날을 세우고 번쩍거리는
가시 끝
어디쯤에 푸른 알 하나 노랗게 익혀
저녁노을 바라볼 때까지 살까
밤을 까맣게 지새웁니다
탱자꽃 무데기 무데기 하얗게 피었습니다

눈(雪)

나는 너를 악마의 후예라고 부르기로 한다
카인의 이마에 표적이라 부르리라
너풀너풀 천사의 흰옷자락으로 다가와
악마의 얼굴을 하고 되돌아가던
지난 시절의 꿈 조각들
너는 깨어진 꿈 조각들이다
어머니의 베옷자락에 파고들어
얼음덩이만 산으로 앉혀놓고
흔적 없이 사라져간 恨이다
미소를 지으며 다가서는 것
우리는 언제나 그 웃음에 속는다
검고 후줄근한 영혼을 감추고
하얀 꽃으로 찾아오는 너
그러나 너도 나를 악마의 후예라고 한다
돌멩이 같은 몸뚱이에 흰 날개를 달고
나는 너를 따라 훨훨 날아오르고 싶어하지 않은가
너를 따라 어느새 허공으로
솟구쳐 올라 날고 있지 않은가

청유암 가는 길

깊은 골짜기 가을이 낙엽 위에 앉아있다
붉은 알몸 다 드러내고 흔들리는 단풍나무야
네 속셈이 뭐냐?
샛노랗게 질려서 구린내 나는 알맹이
쏟아내는 은행나무야
네 속셈은 또 무엇이냐?
떡갈나무 큰 잎 서걱거리고 들국화 요염스레
산벌레들 불러 모으는
온 산 불살라 묵고도 모자라 개울물까지
핏물들이고 마는
보이지 않는 네 속셈이 뭐냐?
청춘이 아름답단들 되돌아가는 저
뒤태들을 따를 수 있겠느냐
풋내 나는 여름의 푸른 멍울 온힘으로 삭여
붉고, 노랗고, 찰지게도 어우러진
가을, 너의 속셈은 뭐냐?
이 길 위에서 묻노니 나더러 너희들의
무엇을 보라 하느냐?

|해설|

존재의 방식과 생명성 탐구의 시학

-조의연 시집 『강의 어귀에서 휘돌아나가다』를 중심으로

강 경 호
(시인, 문학평론가)

에른스트 피셔는 서정시의 본질을 '근원에 돌아가고자 하는 욕망'이라고 풀이했다. 근원은 인간이 세계에 내동댕이쳐진 원시인의 의식을 말한다. 원시인은 세계에 대해 이름을 붙임으로써 마법적인 차원에서 세계를 재창조하고 자아를 중심으로 세계와 분리없는 동질성의 영역에서 살아간다. 이때는 모든 것이 손상되지 않았다. 그러므로 근원은 소외와 고립이 없고 대상과 지속된 관계 속에서 커다란 우주적 가족의 삶을 살았던 때이다.

그러나 근원은 역사발전과 함께 상실되었다. 기독교식으로 말하면 인류의 조상인 아담과 하와가 에덴동산에서 추방된 때부터이다. 이 추방이라는 형식을 인간은 역사적 삶으로 인식하였는데, 인간 욕망의 표현이었다. 이후 근대에 이르러 타자의 복속, 인간성의 사물화로 인하여 발전과 희망이 아니라 정체와 좌절감으로 나타났다. 이제 인간은 '근원'에 대한 향수를 통해 삶에 대한 성찰과 통찰의 계기를 마련하고 있다. 근원은 근본적으로 과거적 대상에서 연유하지만 궁극적으로는 미래적 삶에 투사된다.

서정은 존재의 시원을 생각하게 한다. 또한 서정은 물활론적 세계관을 의미하며 범신론적 세계관이라고도 한다. 더불어 서정은 신화적 세계에 대한 동경의 표현이며, 유년과 고향에 대한 인식이다.

조의연 시인의 시세계는 유년과 고향을 동경하고 있다. 어른이 되어 고향을 떠나 살고 있는 분열된 도시적 삶에서 자기 정체성을 회복할 공간으로 유년과 고향을 떠올리며 돌아갈 대상을 꿈꾸고 있다. 더불어 그의 시는 사물과 자연에서 발견한 의미있고 가치있는 길을 가고자 한다. 이러한 삶의 형식, 또는 존재방식은 자연과 인간의 동일성을 이루려고 노력하는데, 그런 까닭에 그의 시편들이 생명성을 옹호하고 생명현상에 대해 환호작약하는 것이다. 마침내 그가 시를 통해 다가가고자 하는 지점은 유토피아이며, 그 지점을 향해 가는 도정이 이번 시집이다.

유년, 고향, 어머니에의 그리움

앞에서 밝혔듯이 서정은 자아를 중심으로 분리없는 동일성의 영역에서는 모든 것이 손상되지 않는 상태이다.

인간에게 이런 시기는 부모에게 의존하여 살던 유년기도 포함된다. 성인이 된 후 유년을 동경하는 것은 유년이 원초적인 본성을 지니고 있기 때문인데, 어른의 비전보다 훨씬 깨끗한 사고와 행위로 주위와 교감하고 동화한다. 더불어 동심의 상태는 천진난만하여 서정이 지향하는 순수한 삶의 근원적 성격을 잘 드러낸다.

질펀이는 길 위에서 아이가
굴렁대의 미는 방향으로 넘어질 듯
굴렁쇠를 굴린다
구르는 굴렁쇠,
아이의 마음이 바쁘다

바퀴가 한 번 구르면 세상이
배추속 같은 배를 뒤척이며 붉은 생채기를
벌여 보인다
다시 또 구르면 땀방울 맺힌 얼굴들이
원 안에서 톡톡 튀어나온다

비탈길을 오르며 바퀴는 회오리바람같이
햇살을 부수고,
바위 틈과 가시나무 울타리를 스치고
지나가는 길라잡이 굴렁쇠.
속도가 가해질 수록 바퀴 밑에 엉겨
굴러가는 세월이 번개같이 달린다

돌담의 모퉁이길을 휘돌아 아이는 푸른 풀밭으로
굴렁쇠를 굴리며 달린다

-「굴렁쇠와 봄」 전문

「굴렁쇠와 봄」은 유년의 놀이를 추억한다. 현재의 시점에서 유년이라는 과거의 공간을 펼치는 형식이기에 실제로 이러한 공간은 현실에서는 존재하지 않는다. 그럼에도 시간을 끌어당겨 추억하는 것은 유년의 시간들에 투사된 소외와 고립이 없는 천진난만한 상태를 그리워하기 때문이다. 이는 서정시라는 문학장르가 궁극적으로 유토피아를 지향하는 속성을 지닌 까닭이다. "질퍽이는 길"이지만 "아이가" "굴렁쇠를 굴"리는 마음은 기성세대들의 탐욕스러움이 아니라 순수함의 발로이다. "다시 또 구르면 땀방울 맺힌 얼굴들이/원 안에서 톡톡 튀어나"오도록 굴렁쇠 굴리는 일에 몰두한 아이는 "비탈길을 오르며 바퀴는 회오리바람같이/햇살을 부수고/바위틈과 가시나무 울타리를 스치고/지나가는 길라잡이"이다. 강인한 의지를 드러내며 자신의 길을 질주하는 모습을 보여주는 이 작품에서 '굴렁쇠'는 '구르다' 또는 "질퍽이는 길"로 상징되는 험한 세상에서 마침내 "푸른 풀밭"이라는 생명력이 넘치는 세계로 이행하게 하는 동력으로 작용한다. 때로는 탐욕스럽고 나태한 현실에서의 자신을 보다 가치있는 세계로 전환하고자 하는 의지를 보여준다.

「구슬치기」에서도 상수리열매로 구슬치기하는 "붉은 사루비아꽃 가득 핀 마당가/풋상수리가 또그르르 숨"자 "코스모스도 방긋 웃"고 동무들도 반짝거리고, 참새 떼도 쫑알거리며 응원한다. 상수리나무 열매 하나를 통해 자연과 인간이 하나가 되는 아름다운 모습을 보여주고, 유년의 해맑은 모습은 자신을 정화시키는 역할을 하고 있다.

유년이라는 공간은 장소성에 국한되지 않는다. 장소성과 더불어 시간이라는 공간이 있다. 장소성이라는 공간은 여전히 존재하지만 시간이라는 공간은 그대로 남아 있지 않다. 이때 유년의 장소는 유년이라는 시간과 함께 한다. 지난 시절의 장소라 해도 시인이 찾아가는 장소는 유년의 시간과 함께 했던 공간일 수밖에 없다. 그 지점이 시인이 기억하는 장소이며 시간인 것은 그곳에 머물고 있는 소외됨 없고 순수하여 이른바 우주적 가족공동체가 존재하는 곳이다.

뒤뜰로 난 정젯문을 열고 나가면
빨간 앵두 달랑거리는 앵두나무가 있고
장독대를 지나서 큰 상수리나무가 있다
가파른 길을 숨 가쁘게 오르고
감나무가 있는 작은 텃밭을 지나서
언덕을 건너가면
장마철 쏜살같이 달려온 북덕물이 만든
웅덩이가 있다

물이 마른 웅덩이 안에는 수많은 길이 또아리를
틀고 앉아있다
상급학교 합격통지서를 안고 울던 웅덩이 안에서는
하늘을 날아다니는 새들이 보였다
솔방울이 서로 이야기를 쫑알대고,
잠자리가 날아와서 큰 눈을 반짝이며 산 너머
이야기를 전했다
많은 길을 펼쳐놓은 웅덩이 안의 길
아무도 모르는 계곡물의 놀이터가
새 길을 열어가고 있었다
웅덩이 안에는 새로운 길들이 살아가고 있었다

-「웅덩이가 여는 길」 전문

유년을 그리워하기 위해 과거의 시간을 끌어올 수밖에 없다. 흘러가버린 시간 속으로 갈 수 없기 때문이다. 화자는 아득한 유년의 시간을 끌어온다. 그곳에는 "뒤뜰로 난 정젯문을 열고 나가면/빨간 앵두 달랑거리는 앵두나무가 있고/장독대를 지나서 큰 상수리나무가 서 있다" 열매를 따서 구슬치기 하던 그 상수리나무이다. 화자의 시선은 "감나무가 있는 작은 텃밭을 지나" "언덕을 건너가"면 "웅덩이"에 머문다. 웅덩이는 장마철에 몰려온 물이 만든 공간이다. 하찮아서 주목받지 못할 웅덩이지만 화자에게는 매우 의미있고 특별한 공간이다. 웅덩이에 물이 고여 잔잔해지면 거울이 되어 날아다니는 새와 산 너머 이야기를 전해주는 잠자리를 비춘다. 뿐만 아니라 웅덩이는 물이 휩쓸리는 공간이며 많은 길들이 또아리를 틀고 있기도 하다. 더불어 계곡물이 새 길을 열고 "새로운 길들이 살아가고 있"는 곳이어서 하찮은 장소가 아니다. 이렇듯 의미있는 웅덩이는 화자가 "상급학교 합격통지서를 안고 울"기도 했던 곳이다. 자신의 꿈을 펼칠 수 있게 길을 안내한 웅덩이는 세상으로 가는 출구였지만, 많은 시간이 흐른 뒤 세상에 남아있지도 않을 그곳을 그리워하는 것은 웅덩이가 상징하는 지금은 퇴색된 '새로운 길'의 의미를 다시금 되새겨보고 싶은 까닭이다.

유년이라는 공간에서 커다랗게 다가오는 시적 대상으로는 어머니가 있다.

찰깍 찰깍 찰칵 찰칵.
어머니의 한숨소리가 직조된다
바디집을 넘나들던 할머니의 길들이 어머니의
만석봇물의 그리움과 어울려
동지 기나긴 밤을 지새우는데
먼 산 부엉이 울음소리 아련하고, 바람은
흙벽 틈으로 스며들어와 베틀 위에서 함께 놀고 있다
날줄 사이를 쉴 새 없이 들락거리는
씨줄이 날줄과 어깨를 걸고 길동무가 되어 떠난다

열네 살에 시집을 와서
아이들을 낳고 어린새끼들의 생명줄이 되어

밤마다 들려오는 베틀소리
얽힌 실타래를 풀어 새벽 해를 맞는
흰 무명베 한 필.

찰깍 찰깍, 찰칵찰칵
새벽이면 어둠을 훤히 밝힌 마을의
모퉁이 길마다
꾸역꾸역 걸어 나오는
그림자 뭉텅이들.
설날 아침이면 사립문을 열고 쏟아져 나오는,
검정색 무명치마에 자주색 무명저고리의 설빔.
아이들의 웃음소리는 마을 동구를 휘돌아
산을 넘어간다.

-「베틀소리」 전문

"열네 살에 시집을 와서/아이들을 낳고 어린새끼들의 생명줄이" 된 베틀소리는 "어머니의 한숨"을 통해 직조된다. 이는 "바디집을 넘나들던 할머니의 길들이 어머니"로 이어지는 우리나라 여성들의 고단한 노동사를 함의하기도 한다. 그러나 여기에서는 자식을 위한 어머니의 희생성을 말하는데 초점이 맞춰져 있다. 어머니가 짜는 베는 그냥 짜지는 것이 아니라 "동지 기나긴 밤" 겨울 차디찬 바람이 "흙벽 틈으로 스며들어" 직조되는 것이어서 그 수고스러움과 노동의 신산함이 가볍지 않다.

수십 년이 지난 오늘 화자가 환청처럼 듣는 어머니의

베틀소리는, 잠든, 오랫동안 잊었던 어머니의 삶을 다시금 떠올리게 하는 매제이다. “밤마다 들려오는 베틀소리”는 “얽힌 실타래를 풀어 새벽해를 맞는”데 그 대가가 “흰 무명베 한 필”로 실은 어둠이 지나 새벽이 오는 것은 어머니의 베를 짜는 노동 때문이기도 하다. 그런 까닭에 화자는 “새벽이면 어둠을 훤히 밝힌 마을의/모퉁이 길마다/꾸역꾸역” “그림자 뭉텅이들”이 걸어나오는 것이라고 하는 것이다.

유년의 설날, 설빔을 입고 사립문을 쏟아져 나오는 아이들의 즐거운 모습을 떠올리며 화자는 어머니의 사랑과 수고를 그리워한다.

존재의 방식

인간의 삶은 불화와 절망의 연속이다. 이러한 인간의 운명을 피할 수 없는 것이지만 이를 극복하기 위한 노력은 계속되어야 한다. 주지하다시피 서정시는 내적 불안을 해소하고자 불화에서 화해를 꿈꾸고 절망 속에서도 희망을 꿈꾸면서 성장한다. 보다 옳고 바른 존재로 바로 서고자 끊임없이 정신적 성숙을 꾀한다. 조의연 시인은 이번 시집에서 존재의 방식을 위해 이른바 ‘길’을 설정해 탐구하는 형식을 취하고 있다. 시적 상징으로써 ‘길’은 삶의 여정을 의미하기도 하지만, 앞에서 말한 인간이 지녀야 할 가치를 뜻한다.

숲에 들어 있으면 영락없이 숲이 된다
나무가 되기도 하고 가시덩굴이 되어
하얀 찔레꽃송이를 피운다
바다에 가면 바다가 된다
헐떡이는 파도가 되고
수억 광년을 구르다가 모가 닳은 몽돌이 된다

그런데
길 위에서
길이 되지 못한다
붉은 황토밭에서 붉지도 못하고
아스팔트길에서는 미끄럼을 탄다
길이 나를 끌고 간다
출렁이는 길 위에서 흔들리며 서성거린다
길 끝은 아득한데 모퉁이길이 머리채를 잡고 끌고 다닌다

-「길 위에서 서성이다」 전문

1연은 우주의 질서에 순응하는 자연의 섭리를 보여준다. "숲에 들어있으면 영락없이 숲이" 되고, "바다에 가면 바다가 된다" 그리하여 마침내 "수억 광년을 구르다가 모가 닳은 몽돌이 된다" 이는 모난돌이 하류에 이르는 동안 조약돌이 되는 것과 같다. 자연에 동화되어 원만한 존재로 변모하는 것은 자연의 이치이다. 그런데 2연에서 "길 위에서/길이 되지 못한다"고 고백한다. 길은 자신이 가야 할 인생일 것이다. 이는 인간의 운명이며 마땅히 통

과해야 할 행로이다. 인간에게 주어진 길은 '인간다움'일진대 길은 언제나 고속도로처럼 평탄한 것만이 아니어서 때로는 굴곡지고 험난한 길을 만나게 된다. 그런데 "길이 되지 못한다"고 진술하는 것은 화자가 인간의 길을 제대로 가지 못함을 의미한다. "숲에 들어 있으면 영락없이" "가시덩굴"이 되거나 "바다에 가면" "파도"가 되어야 하거늘 자연과 동화되지 못해 "붉은 황토밭에서 붉지도 못"한다. 그것은 "길이 나를 끌고" 가기 때문이다. 인간존재는 자신의 의지로 가고자 하는 길을 주체적으로 가야 한다. 그런데 길에게 끌려가며 "출렁이는 길 위에서 흔들리며 서성거린다" 여기에서 '흔들리다'와 '서성거리다'의 의미는 앞에서 말한 것처럼 자신의 길을 끌고 가지 못하기 때문이다. 화자는 아직 가야할 "길 끝은 아득"하다. 그리고 평탄하지 않는 "모퉁이길이 머리채를 잡고 끌고 다"니고 있는 처지이다. 이렇듯 화자의 존재 방식은 주체적이지 못하지만, 이러한 자신의 처지를 잘 알고 있는 까닭에 이를 극복하고자 "길 위에서 서성이"고 있는 것이다.

길 위에서의 서성거림은 아직도 여전해 보인다.

> 물방울처럼 살아가려 했다
> 물길 따라 흐르는 대로 하얗게 거품이 일 듯
> 맑은 웃음으로만
> 살아가려 했다

그런데
어느날 거울 앞에 선 여자
퉁방울로 툭 튀어나온 두 눈
헤벌어진 입
축 늘어진 귀가 영락없는 돌덩이
만무방이다

뜨겁게 살아보려 했다
미지근하지 않게
불꽃처럼 살려고 했다
그러나
어느날 뒤돌아보니
상징성만을 붙든 형상을 하고
욕심에 부르튼 얼굴로 숲속에 '턱' 버티고
서 있는 돌미륵 아닌가
우스꽝스러운 모습으로
동구어귀에 장승이 되어 서 있는
생각만 들끓는 고목 아닌가

-「장승」 전문

인간다움을 지니기 위해 "물길 따라 흐르는 대로 하얗게 거품이 일 듯/맑은 웃음으로만/살아가려 했다"는 진술에서 보듯 화자는 순리에 따라 살아가고자 했다. 그렇기 때문에 맑은 웃음을 짓는다. 그럼에도 불구하고 문득 거울에 자신의 모습을 비춰보니 "퉁방울로 툭 튀어나온 두 눈/헤벌어진 입/축 늘어진 귀"의 모습을 한 자신의 모습에 놀란다. 어쩌면 화자의 눈, 입, 귀가 변한 것은 제대로 바라보지 못하는 함부로 말하고, 거슬리는 말을 들었기 때문이 아닐까. 처음엔 반듯한 이목구비를 지녔겠지만 인간다움을 상실하면서 점차 왜곡되었음을 말한다. 그럼에도 불구하고 화자는 "뜨겁게 살아보려 했다" "불꽃처럼 살려고 했다" 열정적으로 살아가려고 했지만 어느날 자신이 걸어온 길을 뒤돌아보니 많고 순수하고 착한 모습은 온데간데 없고 장승처럼 생긴 낯선 모습을 발견하며 내밀하게 바라본다. 그 모습은 "욕심에 부르튼 얼굴"이다. 그리고 "숲속에 '턱' 버티고/서 있는 돌미륵"으로 내용은 없고 "상징성만을 붙든 형상"이 "우스꽝스러운 모습"이다. 다시말해 "생각만 들끓는 고목"이다. 뿐만 아니라 '욕심'만 머릿속에 가득찬, 자신이 전혀 꿈꾸지 않은 얼굴로 변해버린 것에 화자는 존재에 대해 자각을 하며 성찰한다.

아직도 시인은 길 위에서 길을 찾고자 여전히 성찰과 통찰의 예지의 등불을 자신의 촉수에 달고 길을 가고 있을 것이다. 앞에서 말했듯이 이는 인간의 한계이며 운명이기 때문이다.

> 실오라기 한 가닥 걸친 것 없는 붉은 알몸입니다
> 더듬이로 사는 법을 찾아갑니다

어슬렁어슬렁 덤불밭을 마다하지 않는
기어사는 민달팽이입니다
미끈덕거리는 몸뚱이로 뒤틀린 길도
바로잡아 갑니다
흔들리는 길을 따라 가파른 나뭇잎에
기어오르기를 좋아합니다
굴러떨어져 곤두박이는 것은 예사로운 일,
그래도 올라만 가는 담쟁이넝쿨.
이쪽도 저쪽도 아닌
점액질의 물컹한 몸뚱이로 찾아가는
길이 아득합니다.
미끄럽고 헝클어진 세상속의 길찾기입니다

민달팽이가 모래언덕을 넘습니다
맨몸으로 왔다가
올 굵은 베옷 한 벌 걸치고 하늘로 가는
길 위에서 서성거립니다

-「벌거숭이로 살아가기」 전문

인간은 어쩌면 달팽이와 같은 존재가 아닐까. "실오라기 한 가닥 걸친 것 없는 붉은 알몸"을 가졌기 때문이다. 민달팽이는 "더듬이로 사는 법을 찾아"간다. "어슬렁어슬렁 덤불밭을 마다하지 않"고 자신의 길을 끌고 간다. 하찮은 미물이지만 민달팽이는 "미끈덕거리는 몸뚱이로 뒤틀린 길도/바로잡"으며 간다. 그것 뿐이겠는가. "흔들리는 길을 따라 가파른 나뭇잎에/기어오르기를 좋아"한다. 그러나 인간은 쉽고 편한 길만을 가고자 하는 속성을 지녔다. 그렇다면 달팽이보다 못한 존재가 아닐 수 없다. 민달팽이는 길을 가다가 "굴러떨어져 곤두박이는 것은 예사로운 일"이지만, 그래도 "담쟁이넝쿨"에 올라가는 것을 마다하지 않는다. 뼈도 없고 "점액질의 물컹한 몸뚱이"지만, 갈길이 멀어 아득하겠지만 "모래언덕을 넘"고 "올 굵은 베옷 한 벌 걸치고 하늘로 가는" 수도자의 모습이다. 이때 민달팽이도 "길 위에서 서성거"리지만 이 서성거림은 멈칫거림이 아니라 머리 위의 촉수로 더 나은 길을 찾기 위한 서성거리는 신중함이다.

이 작품을 통해 화자는 탐욕스럽지 않은 벌거숭이의 모습을 한 빈자의 삶을 동경하며 그렇게 살아가지 못한 자신을 성찰하며 존재의 방식에 대해 모색하는 태도를 보여준다.

이번 시집에서 빈번하게 나타나는 '길'에 대한 탐구는 수없이 많다. 「모자를 버리다」에서는 살아가면서 쓸데없는 모자를 모으는데 몰두하다가 "육십 고개를 넘고서야 모자를 모두 벗"어야겠다는 「사막에서 살아가기」에서는 불모성의 상징이랄 수 있는 사막을 현실로 인식하며 그곳에서 지혜롭게 살아가는 '선인장' '전갈과 방울뱀' '낙타' 등을 의지를 지닌 존재로 인식한다. 그러면서 이들이 "사막이래서 오아시스를 만들어"가는 것에 주목한다. 마침내 선인장에 아름다운 꽃을 피우는 강한 의지를 내비친다. 메타시 경향의 「詩」에서는 "마무해 놓은 원고"에 자신의 얼굴을 천진난만하게 그려놓은 그림을 보며 "허세를 부리며" 쓴 자신의 시가 가진 진정성과 존재의 방식에 대해 모색한다. 이처럼 조의연 시인은 존재의 방식에 관한 깨달음과 성찰을 자연에서 발견하고 있음을 알 수 있다.

생명성 탐구

서정에서 근원의 또다른 축은 물활론적 세계관이다. 인간이 지상에 처음 나온 원시세계에서는 자신의 환경이 적대적이라고 생각하면서도 원시인은 자연을 초월적인 존재로 인식하였다. 폭설, 폭우, 폭풍, 뇌성 등의 자연현상을 무서워하며 이것들의 배경인 하늘을 숭배한 것이 그 예이다. 이렇듯 우주섭리에 순응한 태도를 보인 원시인의 삶은 오늘날 많은 것을 시사한다. 역사시대를 견인하는 에너지를 '진보'라고 인식하며 발전시켜 근대의 산업사회에 이르러서는 맨 꼭대기에 인간이 있고 그 밑에 자연을 두는 수직적관계가 되어버렸다. 자연을 재화적 가치로 인식하여 정복대상으로 삼았기 때문이다. 결과적으로 자연과 인간은 불화하기에 이르렀으며 자연은 인간에게 보복의 칼날을 들이대고 있다. 여기에서 우리가 주목하는 것은 생명현상에 대한 외경과 생명 본연의 모습에 대한 갈망을 전제하고 있는 원시적 감성이랄 수 있는 신성(神聖)을 회복해야 한다. 이러한 관점을 지닌 조의연 시인의 이른바 〈생명시편〉은 생명정신을 앙양하고 있어 시사적인 가치를 지니고 있다.

눈보라 휘몰아치는 겨울의 자궁 속에서
꿈틀거리며 태어나는 새움들.
홍매의 나뭇가지 끝에서 붉은 옹아리가 옹알옹알
산수유 눈썹에는 노랑 옹알이가 옹알옹알
들판에는 푸른 옹알이들이 푸르다
제비꽃은 보랏빛 옹알이 옹알거리고
어둠을 뚫고 나온 산과 들의 만물이
쉴 새 없이 옹알옹알옹알 옹알.
알 수 없는 언어들이 한꺼번에 쏟아져 나와
시끌 시끌 시끌
세상이 온통 잔칫집이다.

말미잘 같은 사랑을 가졌어라
그 뿌리 아득해서
삭정이 같은 육신 속에도 꿈틀거리는 봄눈을 가졌어라
산길 떡갈나무 잎새 서걱거리는
소리 같은 심연의 한켠에 바스락거리는
꿈 같은 작은 등불을 가졌어라
그 등불 점점 달아올라
산천에 파란 싹이 눈을 뜨고

오색빛깔 봄동산은 순을 밀어 올리며
옹알거리는,

홍매화의 붉은 열매와 흰 날개 민들레의
씨앗을 기다리며
자라거라 자라거라
옹알이가 그칠 때까지 바라보는 수밖에.

-「봄이 옹알이하다」 전문

얼었던 땅이 풀리고 따스한 기운이 도는 신생의 봄을 맞아 싹을 틔우며 생기발양하며 환호작약하는 모습이 마치 전쟁에서 승리한 개선군처럼 기운이 넘치는 풍경이다. 이렇듯 힘이 넘치는 모습을 화자는 '봄이 옹알이하다'라고 쓴다. "홍매의 나뭇가지 끝에서 붉은 옹아리" "산수유 눈썹에는 노랑 옹알이" "들판에는 푸른 옹알이" "제비꽃은 보랏빛 옹알이" 등 색채 이미지를 매우 감각적으로 표현하고 있다. 옹알이는 꽃이 피어있는 모습과 풀이 푸르게 자라남을 말하는데, 화자는 "옹알옹알"이라는 의성어를 의태어처럼 구사하여 움직임을 형상화하고 있다. 화자는 '옹알이'를 "알 수 없는 언어"라고 하고 있는데 기존의 체계적인 질서를 통해 사용하는 기호가 아닌 어떤 움직임이나, 어떤 모습 또한 그렇기 때문에 비언어적이지만 소통구조를 지녔기에 언어라고 할 수 있다. 우리가 사용하는 언어가 아니더라도 소통할 수 있기 때문이다. 봄날

꽃이 피어나는 모습을 '옹알이 하다'고 한 것에서 우리는 생명의 호흡을 읽을 수 있는 것이다. 비언어적인 언어들이 "한꺼번에 쏟아져 나와/시끌 시끌 시끌/세상이 온통 잔칫집"이 되었다고 노래할 수 있는 것이다.

"그 뿌리 아득해서/삭정이 같은 육신 속에도 꿈틀거리는 봄눈"이 있었기에 봄날은 잔치집이 된 것인데, "떡갈나무 잎새 서걱거리는/소리" 또한 존재를 규명하는 것이어서 "작은 등불"이 되어 봄날 생명의 등불 환하게 밝히는 것이다. 화자는 이를 기쁘게 바라보며 옹알이를 듣고 있을 뿐이다.

이렇듯 봄날 생명이 다시 살아오는 것을 노래한 시편으로는 "새로운 세상이 오리라"고 노래한 「비가 온다」, "어둠 속에서도 온몸에 감기는/가냘픈 파동"이라고 한 「멜로디가 살아나다」, "미친 여자가 웃는다"고 한 「아카시아꽃 활짝 피었다」 등이 특히 눈에 띈다.

비 개인 뒤
돌담의 얼크러진 넝쿨장미 꽃송이 안에서
노니는 물방울
빨강 꽃잎 위에는 빨강 물방울
노랑 꽃잎에는 노랑 물방울
또르르 또르르
장미꽃 속에서 벌나비와 함께 논다

호랑나비 날개 위에는 호랑무늬 물방울이
탱글거리고 흰나비 날개에는 햇살이 놀고 있다
오색빛깔 꽃잎 위에서 물방울은 초롱이다가
흔적없이 사라져 보이지 않고,

바람이 꽃잎을 어루만지고 간다

-「장미꽃 속에 물방울 놀다」 전문

앞에서는 만물이 살아오는 신생의 환희를 노래한 것에 비해 위의 작품은 자연이 서로 교감하는 모습을 포착하고 있다.

서로 다른 사물에서 동일성을 찾는 것이 서정시의 본질일진대 "넝쿨장미 꽃송이 안에서" 장미꽃송이와 함께 "노니는 물방울"들은 "빨강 꽃잎 위에"서 놀면 "빨강 물방울"이 되고 "노랑 꽃잎에"서 놀면 "노랑 물방울"이 됨은 자연과 자연이 하나가 됨을 말해준다. 이뿐만 아니라 장미꽃과 물방울, 그리고 벌 나비와 바람까지 함께 노는 모습은 서로 교감이 이루어졌기 때문에 가능한 일로 이는 불화도, 절망도 없는 우주 가족공동체적인 세계가 아닐 수 없다. 이는 시인이 꿈꾸는 유토피아이기도 하다.

다음의 작품에서는 생명의 가치를 인식하고 있는 시인의 정신이 엿보인다.

낙엽 위에 앉아 글을 쓰는데
바짓가랑이에
풀씨 하나가 날아와 앉는다
깃털 활짝 펼치고 버티고 앉아 떨어지지 않는
이름 모를 풀씨
안간힘으로 달라붙는,
그래
옥토다 내 다리 내어주마
붉은 살갗 파고드는 씨앗
싹을 틔우려나?
내 생이 흙 한줌이다
붉고 푸른 황토다
결국
기름진 흙 한줌으로 돌아갈 육신
너에게 미리 주마

-「황토 한 줌 묵혀서」 전문

화자가 낙엽 위에 앉아 있다. 그때 "바짓가랑이에" "풀씨 하나가 날아와 앉는다" 그런데 "깃털 활짝 펼치고 버티고 앉아/떨어지지 않"는다. 이 모습을 보던 화자는 "내 다리를 내주마" 하고 씨앗에게 자신의 몸을 대지로 내주겠다고 한다. 자신의 "생이 흙 한줌"이라고 인식한 것은 결국 죽으면 흙으로 돌아가기 때문이지만, "너에게 미리 주마"고 약속하는 화자의 상상력은 생명에 대한 깊은 외경 때문이 아닐 수 없다. "내 생이 흙 한줌이다/붉고 푸른 황토다"라고 말할 수 있는 시인의 생명정신은 탐욕으로 일그러진 오늘 우리 시대의 지성을 깊은 잠에서 깨우기에 충분하다.

생명성을 탐구하는 시편으로는 황새 한 마리가 겨울 저녁 하늘을 날아가는 모습을 "하늘이 또 한바탕 요동을 친다"고 노래한 「겨울 저녁」, 숲속에서 거미줄을 치고 생명활동을 하고 있는 거미의 모습을 "그리움은 길고/비단실의 거미줄에 걸려 서성거린다"고 한 「숲속 오막살이 한 채 짓다」, 눈 내린 산에서의 생명활동을 형상화시킨 「雪山에 길이 있다」에서는 "어둠속에서 서로를 다독거리는/뿌리가 들린다, 춥다"고 노래하고 있다. 이 밖에 수많은 시편에서 시인은 때로는 자연과의 거리를 두고 자연의 모습을 내밀하게 관찰하며 생명의 아름다움을 포착하여, 궁극적으로는 자연과 인간의 상생을 노래하기도 하고, 때로는 자연을 통해 인간의 모습을 되비추어 깨달음에 이르게 하는 메시지를 던지고 있다.

조의연 시집
강의 어귀에서 휘돌아나가다

2017년 4월 20일 인쇄
2017년 4월 30일 발행

지은이 | 조 의 연
펴낸이 | 강 경 호
인쇄 · 기획 | 도서출판 시와사람
등 록 | 1994년 6월 10일 제 05-01-0155호
주 소 | 광주시 동구 양림로119번길 21-1(학동)
전 화 | (062)224-5319
팩 스 | (062)225-5319
E-mail | jcapoet@hanmail.net

ISBN 978-89-5665-486-7 03810

값 10,000원

* 잘못된 책은 바꾸어 드립니다.
* 이 책은 광주문화재단에서 제작비를 지원받았습니다.